# Das Universum als lebendiges Wesen

## Der Mensch und sein Glauben

Christian „Atila“ Mayer

D1919091

## Impressum:

Titel: Das Universum als lebendiges Wesen
- Der Mensch und sein Glauben -
Autor: Christian Mayer, Neuburger Straße 40, 85116 Egweil
E-Mail: christian.mayer@online.de
Verlag: epubli GmbH
Verlagsanschrift: Pappelallee 78/79, 10437 Berlin
Telefon: 0171-7007058
Erscheinungsjahr: 2025
Erstauflage: 01.02.2025
Copyright: © Christian Mayer 2025
Verantwortlich für den Inhalt gemäß § 55 Abs. 2 RStV:
Christian Mayer, Neuburger Straße 40, 85116 Egweil
Urheberrecht:
Alle Rechte vorbehalten.
Dieses Buch oder Teile davon dürfen ohne ausdrückliche Genehmigung
des Verlags oder des Autors nicht reproduziert, gespeichert oder in
einem Retrieval-System gespeichert werden.
Haftungsausschluss:
Die in diesem Buch enthaltenen Informationen und Ansichten sind die
persönlichen Meinungen des Autors. Der Verlag übernimmt keine
Verantwortung für eventuelle Schäden oder Verluste, die durch die
Verwendung der im Buch enthaltenen Informationen entstehen können.
Gedruckt in Deutschland

# Inhalt:

## Vorwort:

Ich möchte zunächst klarstellen, dass ich in keiner Weise als religiöser Experte aufgewachsen bin. In meiner Familie war zwar ein katholisches Fundament gegeben – ich selbst wurde katholisch getauft, meine Mutter evangelisch und in den Reihen der Zeugen Jehovas sozialisiert, doch eine tiefergehende religiöse Erziehung kann ich nicht behaupten. Allerdings war mir immer bewusst, dass das Universum von einer höheren Macht gelenkt wird und aus dieser Macht heraus erschaffen sein muss.

Dennoch prägten mich früh Enttäuschungen gegenüber institutionellen Kirchen. Mit elf Jahren erfuhr ich, dass meine älteren Schwestern, die im Säuglingsalter verstarben, von der katholischen Kirche nicht „richtig" beerdigt wurden. In ihrer Trauer hatten meine Eltern keine Nottaufe veranlasst, was zu jenem bedauerlichen Zwischenfall führte. Diese Erfahrung bewirkte in mir eine Art Abkehr von der institutionellen Kirche und die Überzeugung, dass wahrer Glaube nicht an eine formelle Mitgliedschaft gebunden sein muss.

Erst viel später, als ich meine Frau kennenlernte und wir zusammen eine Familie planten, entfachte sich in mir erneut das Bedürfnis, unseren Kindern ein spirituelles Fundament zu geben – jenes Fundament, das mich mit der Idee eines göttlichen Schöpfers bereits immer im Stillen begleitete. Da meine Frau gläubige Muslima war, bat ich sie, mir ihren Glauben und die Werte des Islams näherzubringen. Zu meinem Erstaunen merkte ich schnell, dass viele ihrer religiösen Überzeugungen und Bräuche zu meinen eigenen Wertvorstellungen passten. Ich sah darin nichts, das meiner bisherigen Anschauung widersprach, sondern eher eine tiefe Bestätigung: Allahs Schöpfung ist allumfassend, voller Liebe und Barmherzigkeit.

Auf unserer Hochzeit konvertierte ich zum Islam; nicht, weil jemand mich drängte, sondern weil ich in Allahs Botschaft und dem Glauben meiner Frau so viele Parallelen zu meiner eigenen Vorstellung vom Universum fand. Beim intensiveren Befassen mit den Suren und Lehren des Korans war ich verblüfft, wie sehr ihre Bedeutung bereits unausgesprochen in meinem Herzen verankert war – lange bevor ich sie tatsächlich las. Genau dieses Gefühl, diese erstaunliche Nähe zum Göttlichen, ohne die Zwänge einer bestimmten Institution, ist es, was mich so sehr an meinem Glauben festhalten lässt.

In diesem Buch, das Teil meiner Reihe „Das Universum als lebendiges Wesen“ ist, schildere ich die Heiligen Schriften so, wie ich sie aus meinem Blickwinkel verstehe. Es ist also meine ganz persönliche Sicht, die ich mit Hilfe einer Künstlichen Intelligenz (KI) in Worte gefasst habe. Warum KI? Weil sie mir die Möglichkeit bietet, Gedanken zu ordnen und mit einer gewissen Distanz neu zu reflektieren. Mein Glaube an Allah ist jedoch vollkommen unabhängig davon. Er ist für mich der erste Gedanke, wenn ich morgens erwache, und der letzte, bevor ich nachts die Augen schließe. Ich gebe zu, nicht in jedem Moment vollkommen bewusst, aber tief verwurzelt in mir – so, wie ich es bei meiner „Reise der Seele“ innerlich erspürt habe.

Betrachtet diese Seiten bitte weniger als ein Sachbuch über Glaubenslehren; seht sie eher als meine persönliche Erzählung, wie ich mit diesen Themen und Offenbarungen in Kontakt kam und warum sie mich bis heute prägen. In den Kapiteln findet sich meine Überzeugung wieder, dass das Universum ein lebendiges Wesen ist, getragen von der göttlichen Liebe und Barmherzigkeit – ob wir sie nun Allah, Gott oder anders nennen. Ich lade euch ein, diesen Weg gedanklich mit mir zu gehen, offen für neue Anregungen und in der Freiheit eigener Deutungen. Denn so, wie ich die Liebe zu Allah in meinem Innersten trage, glaube ich, dass sie in jedem Menschen in einer ganz besonderen Form schlummert und nur darauf wartet, entfacht zu werden.

## Einleitung:

Dieses Buch ist die erste Fortsetzung von „Das Universum ist ein Lebendiges Wesen“ und markiert den Beginn einer Buchreihe. Mit der Verbindung zwischen Wissen, Glauben und der göttlichen Ordnung beschäftigte ich mich in dieser ersten Fortschreibung.

Das Streben nach Wissen und die Suche nach göttlicher Ordnung verbinden das Christentum und den Islam auf tiefgreifende Weise. Beide Religionen betrachten Erkenntnis als einen Weg zur Wahrheit und zur Nähe zur göttlichen Quelle. Doch wenn ich über diese göttliche Quelle spreche, nenne ich sie nicht „Gott“, sondern *Allah.* Denn ich bin das, was ich geworden bin – ein Muslim, der zu Allah betet, zu ihm ruft und in ihm die einzige Wahrheit erkennt. Der Ausdruck „Gott“ mag im Deutschen geläufig sein, doch für mich ist er nicht nur ein Name, sondern eine Bezeichnung des Göttlichen. Allah jedoch ist die vollkommene Manifestation dieser göttlichen Einheit, frei von menschlichen Zuschreibungen, nicht nur ein Name, sondern das Sein selbst.

Natürlich spielen in diesem Buch das Alte Testament, das Neue Testament und der Koran eine tragende Rolle. Die Heiligen Schriften werden chronologisch behandelt: zuerst das Alte Testament, das als Grundlage sowohl im Judentum als auch im Christentum dient, dann das Neue Testament, das die Lebenszeit Jesu (Isa) beschreibt und seine Lehren hervorhebt. Der Koran stellt aus göttlicher Sicht die letzte Offenbarung dar, übermittelt durch den Propheten Mohammed (Friede sei auf ihm), und umfasst sowohl eine Bestätigung früherer Schriften als auch eine weiterführende Offenbarung, die sich von der Entstehungsgeschichte bis in die Zukunft erstreckt.

Während das Alte Testament im Koran reflektierend behandelt wird, findet das Neue Testament weniger explizite Erwähnung, da der Fokus auf einer umfassenden göttlichen Botschaft liegt.

Mein persönlicher Weg zeigt mir, dass das Universum nicht in Zufällen existiert, sondern in einer göttlichen Ordnung, die durch Wissen und Erkenntnis sichtbar wird. Es war Allahs Bestimmung, dass ich mit einem Namen geboren wurde, der mich mit einer anderen Religion verband, doch es war ebenso seine Bestimmung, dass meine Seele ihre Reise fortsetzte, bis sie den Islam fand. Und so wie meine Reise mich zu Allah führte, ist auch dieses Buch eine Reise – eine Reise durch die Offenbarungen, die Zeichen der göttlichen Ordnung und die Wahrheit, die im Universum selbst geschrieben steht.

# Kapitel 1:

## Meine Sicht auf die Heiligen Schriften und das lebendige Universum

Wenn ich auf das Alte Testament mit der Tora, das Neue Testament und den Koran blicke, sehe ich keine starren Dokumente aus ferner Zeit, sondern ein lebendiges Geschenk Allahs an die Menschheit. Aus meinem Herzen heraus ist mir bewusst, dass jedes dieser Bücher auf seine eigene Weise die göttliche Ordnung widerspiegelt und uns Menschen daran erinnert, dass wir eingebettet sind in ein Universum, das vor unvorstellbar langer Zeit durch Allahs Liebe ins Leben gerufen wurde.

In meiner Reise durch den Glauben – von meiner katholischen Taufe bis hin zu meiner Entdeckung des Islams – habe ich mehr und mehr verstanden, dass das Universum nicht einfach ein lebloser Raum ist, sondern ein Wesen voller Bewusstsein, das atmet und wächst. Wenn ich den Himmel betrachte und die Wunder der Natur erlebe, spüre ich die Nähe Allahs. Ich weiß, dass Er das gesamte Gefüge ins Dasein gerufen hat: die Galaxien mit all ihren Sternen und Planeten, jedes Lebewesen und jeden Atemzug.

Die Heiligen Schriften sind für mich wie Tore, die in diese unendliche Wirklichkeit führen. Sie entstammen verschiedenen Zeiten und Kulturen, und dennoch tragen sie alle denselben inneren Funken: den Hinweis auf die unermessliche Macht der Liebe. Ob im Alten Testament, das von der Schöpfung erzählt, im Neuen Testament, das uns die Lehre Jesu näherbringt, oder im Koran, der uns an das Einssein Allahs erinnert – in jeder Offenbarung erkenne ich Spuren dieser göttlichen Zuwendung, die alles Lebendige durchdringt.

Die Propheten sehe ich als helle Leuchttürme, die uns leiten. Sie offenbaren der Menschheit, dass wir nicht in einem kalten Universum allein umherirren, sondern Teil eines größeren Plans sind. Ihre Botschaften erinnern uns daran, dass die Schöpfung kein zufälliges Konstrukt ist, sondern ein harmonisches Ganzes, das Allah mit Weisheit erfüllte. Und während sich die Sterne auf vorbestimmten Bahnen bewegen, sind auch wir Menschen mit unseren eigenen Bahnen und Lebenswegen in diese kosmische Ordnung eingebunden – frei zu entscheiden, ob wir uns von Seiner Liebe leiten lassen wollen oder nicht.

Gerade deswegen ist es mir so wichtig, die Heiligen Schriften nicht als reine Geschichtsbücher zu sehen, sondern als lebendige Weisheiten, die jeden Tag neu in meinem Herzen aufleuchten können. Wenn ich eine Sure rezitiere oder einen Vers lese, spüre ich in mir die Antwort des Universums – es ist, als würde Allah mir sagen: „Sieh, meine Liebe ist die Kraft, die alles trägt. Entdecke sie in dir und in jedem Pulsschlag der Schöpfung."

Diese Erkenntnis bedeutet für mich auch, dass Glaube und Wissen sich nicht ausschließen, sondern zusammenwirken müssen. Zu begreifen, wie wunderbar die göttliche Ordnung zwischen Mensch, Allah und Schöpfung ineinandergreift, kann den Verstand schärfen und das Herz erweichen. Das Universum als lebendiges Wesen lässt uns ahnen, dass jede Form von Forschung, jede ehrliche Suche nach Wahrheit, letztlich auf Allahs Liebe zurückführt.

Wenn ich also über das Alte Testament, das Neue Testament und den Koran nachdenke, so erkenne ich in ihnen alle dieselbe Botschaft: Dass unser Ursprung und unser Ziel in derselben unendlichen Quelle der Liebe liegen. Und wenn wir uns dieser Quelle bewusst öffnen, wird unsere innere Verbindung zu Allah spürbar – in jedem Gedanken, jedem Atemzug und jedem Augenblick, den wir in Seinem lebendigen Universum verbringen.

## Adam – Der Beginn des Bewusstseins

Ich sehe in Adam, dem ersten Propheten, das Symbol des Erwachens des Bewusstseins. Für mich verkörpert er den Moment, in dem das Universum seine eigene Wahrnehmung erfährt. Sein Weg verdeutlicht, wie eng Mensch und Schöpfung miteinander verflochten sind, und erzählt von der ersten bewussten Erfahrung von Liebe, Trennung und Erkenntnis. Wenn ich mir vorstelle, dass Adam aus der Essenz der Schöpfung selbst – aus Erde – geformt wurde, berührt mich das zutiefst. Es war der erste Atemzug eines wahren Bewusstseins auf Erden, ein Funke göttlichen Geistes in der materiellen Welt. Lange war er allein, umgeben von den Wundern der Natur, doch mit diesem Bewusstsein wuchs in ihm auch der Wunsch nach Gemeinschaft, nach einem Gegenüber, das ihm den Spiegel seiner Existenz vorhalten konnte.

Gott erhörte dieses tiefe Sehnen und erschuf Eva, für mich nicht als Untergeordnete, sondern als Ergänzung, als Ausdruck der göttlichen Dualität, die sich durch das gesamte Universum zieht. Sie wurde sein Spiegel, seine Ergänzung, die Verkörperung jener himmlischen Harmonie, die in die irdische Welt herabstieg. Gemeinsam erlebten sie das Paradies, eine Welt voller Schönheit und reiner, ungetrübter Liebe, in der sie mit den Tieren sprachen und in Einklang mit den Elementen lebten, ohne Angst, Schmerz oder Schuld.

Dennoch war mir stets klar, dass dieses Paradies nicht ewig statisch bleiben konnte. Liebe allein genügt nicht, wenn sie nicht auch wachsen darf. Sie verlangt nach Erfahrung und der Freiheit der Wahl. Und so trat eine dritte Stimme in ihr Leben – die Schlange, die mit geschmeidiger Verführung das Gleichgewicht störte, nicht durch laute Worte, sondern durch ein Flüstern tief in den Seelen der beiden. „Warum solltet ihr euch fürchten? Warum nicht wissen, was Allah weiß?“ Dieses Flüstern rief Neugier hervor, den Drang nach Erkenntnis, nach einem Wissen, das ihnen bislang fremd war. Als Eva den leuchtenden Apfel erblickte, spürte sie, dass es nicht nur eine Frucht war, sondern ein Schlüssel zu einem neuen Abschnitt. Sie wollte nicht allein gehen, denn was ist Erkenntnis, wenn man sie nicht teilen kann? Was ist Bewusstsein, wenn es nur im Alleinsein existiert?

In einer Mischung aus Mut und Liebe reichte sie Adam den Apfel, und er nahm ihn aus Zuneigung zu ihr an. Diese Geste war für mich nie bloß ein Verstoß gegen ein göttliches Gebot – sie war eine Entscheidung. Eine Entscheidung für das Unbekannte, für das volle Leben mit all seinen Höhen und Tiefen, für das Verlassen der behüteten Sicherheit. Genau in diesem Moment brach das Paradies zusammen, nicht als Strafe, sondern weil es gewissermaßen erfüllt war. Sie hatten die erste große Lektion des Universums verstanden: Wachstum kommt durch Fehler, durch das Verlassen des Alten und den Mut, sich dem Neuen zu stellen.

Die Welt, in die Adam und Eva fortan traten, war hart und unbarmherzig, weit entfernt von der sanften Geborgenheit, die sie gekannt hatten. Sie froren, hungerten und erlebten

Angst und Schmerz, doch gleichzeitig spürten sie das Wunder des Lebens in all seiner Intensität. Sie sahen, wie Samen keimten, Wasser die Erde belebte und Kinder aus Liebe geboren wurden. Mit dem Wachstum kam allerdings auch das Leid. Ihre Söhne Kain und Abel trugen dieses Erbe ihrer Eltern in sich: Während Abel sich dem Licht zuwandte, ließ Kain sich in die Dunkelheit ziehen. Eifersucht und Neid erschienen als erste Schatten über der Menschheit, und mit dem ersten Mord begann eine neue Ära voller Verantwortung.

In der Folge wuchs die Menschheit, baute Städte, und Parallelvölker breiteten sich aus. Die Erde füllte sich mit Stimmen, Geschichten und Fehlern, aus denen neue

Erkenntnisse hervorgingen. Doch der Schatten der Schlange blieb bestehen, flüsterte weiterhin in den Herzen der Menschen, ein ewiger Widerstand gegen das Licht. Selbst der Teufel war nicht nur ein gefallener Engel, sondern eine Kraft, die jeder von uns in sich trägt – die Stimme des Zweifels und der Versuchung. So wandelte sich die Welt, und die Menschen mit ihr. Kurz bevor Noah erschien, war die Dunkelheit bereits weit ausgebreitet. Sodom und Gomorra standen als Inbegriffe des Exzesses, Orte, an denen das göttliche Gleichgewicht fast völlig verlorenging. Doch selbst inmitten dieses Chaos gab es jene, die die Liebe nicht vergaßen, die wussten, dass sie nicht nur aus Verlangen, sondern auch aus Opferbereitschaft besteht, dass Wissen nicht allein Macht bedeutet, sondern Verantwortung.

Adam und Eva waren daher der Anfang, aber keineswegs das Ende. Ihre Geschichte lehrt mich, dass der Weg zur Erkenntnis immer durch das Loslassen des Vertrauten führt. Dass das Universum uns nicht durch Perfektion formt, sondern durch Fehler, Entscheidungen und die unaufhörliche Dynamik zwischen Licht und Schatten. Und dass genau in dieser Bewegung die wahre göttliche Ordnung liegt, jene unermessliche Kraft der Liebe, die uns weiterzieht und vorwärtstreibt, bis wir einsichtig erkennen, dass wir nie wirklich gefallen, sondern nur geflogen sind.

Für mich steht Adam, der erste Prophet, also nicht nur für das Erwachen des Bewusstseins. Er zeigt den Moment, in dem das Universum seine eigene Wahrnehmung gewinnt, eine Erkenntnis über die innige Verbindung zwischen Mensch und Schöpfung sowie das Erleben von Liebe, Trennung und Weiterentwicklung. In der Stille des Paradieses, wo die Welt noch jung war, durften Adam und

Eva eine Einheit erfahren, die alle Elemente der göttlichen Harmonie in sich trug. Doch ihre Liebe war nicht nur ruhendes Glück, sondern auch eine Energie, die nach Erkenntnis strebte. Genau diese Liebe – nicht Trotz oder Rebellion – ließ Eva Adam den Apfel reichen, weil sie beide das Unbekannte zusammen betreten wollten und damit den nächsten Schritt wagten, den Allah für sie und das ganze Universum vorgesehen hatte.

## Noah (Nuh) – Die Reinigung und Erneuerung der Schöpfung

Ich möchte euch die Geschichte von Noah (Nuh) so erzählen, wie ich sie sehe – mit all den Details, die mir am Herzen liegen, und in dem Bewusstsein, dass meine tiefe Liebe zu Allah und meine Achtung vor dem Universum als lebendiges Wesen jeden Moment dieser Erzählung durchdringen.

Bevor Noah zu einem Propheten berufen wurde, war die Welt bereits in Dunkelheit versunken. Die Menschen hatten sich von der göttlichen Ordnung entfernt, ihr Herz war erfüllt von Gier, Hochmut und Verachtung für das Heilige. Wenn ich an diese Zeit denke, sehe ich Städte wie Sodom und Gomorra als Sinnbilder dieses Verfalls: Orte, in denen Liebe zu blanker Lust wurde, Wissen durch Maßlosigkeit verdrängt und das Gefühl für das Universum als atmendes, göttliches Gefüge verloren gegangen war.

Doch es gab einen Mann, der spürte, dass alles ins Wanken geriet: Noah. Er lebte im Einklang mit der Schöpfung, lauschte dem Flüstern des Windes, dem Murmeln des Wassers und fühlte in jedem Herzschlag die göttliche

Ordnung. Diese tiefe Verbundenheit war es, die ihn mit Lot zusammenbrachte, einem Mann, der ebenfalls versuchte, dem Licht treu zu bleiben. Lot lebte in Sodom und warnte die Menschen immer wieder vor den Folgen ihres Handelns, doch sie lachten ihn aus. Sie verspotteten seine Worte und glaubten nicht an die Zeichen, die das Universum ihnen immer wieder zusandte.

Als schließlich die göttliche Entscheidung fiel, die Stadt zu zerstören, wurde Lot angewiesen, mit seiner Familie zu fliehen. In meinem Innersten glaube ich, dass Noah gern versucht hätte, ihn zu begleiten, weil er die Kraft der Liebe verstand, doch seine eigene Bestimmung war eine andere. Lot nahm seine Frau und seine Töchter mit sich, und während sie die brennende Stadt hinter sich ließen, wurde ihnen eine letzte Prüfung auferlegt: Sie durften nicht zurückblicken. Doch Lots Frau, erfüllt von Wehmut und der Angst, alles zu verlieren, was sie kannte, drehte sich um – und wurde zur Salzsäule. Für mich ist das ein tieftrauriger Moment, der zeigt, wie schmerzlich es sein kann, Altes loszulassen. Noah spürte diesen Verlust ebenso und wusste, dass Liebe manchmal bedeutet, sich dem Neuen zu öffnen, selbst wenn es uns wehtut.

Als Noah später in tiefer Meditation war, hörte er die Stimme Gottes. Sie kam nicht wie ein lauter Befehl, sondern eher wie eine Welle aus Licht, die sein Innerstes durchflutete. Für mich klingt das, als habe das Universum selbst zu ihm gesprochen und ihm die göttliche Ordnung gezeigt, die in seinen Gedanken Gestalt annahm. Er verstand, dass eine große Reinigung anstand, um das Gleichgewicht der Welt wiederherzustellen.

Gott gab ihm den Auftrag, eine Arche zu bauen – ein Symbol des Glaubens, ein Gefäß, das nicht nur Leben, sondern auch die Erinnerung an die ursprüngliche Ordnung bewahren sollte. Noah verstand, dass dies seine Prüfung war. Ich stelle mir vor, wie er mit Gott nicht in menschlichen Worten sprach, sondern in Bildern und Empfindungen. Jeder Baumstamm, den er fällte, jedes Brett, das er setzte, war für ihn ein Gebet, eine Brücke zwischen Mensch und Schöpfung, die Allah erschaffen hat.

Die Arche wurde errichtet, während die Menschen Noah verhöhnten. „Warum baust du ein Schiff, wenn es nicht einmal regnet?“, riefen sie. Doch Noah hörte nicht auf ihren Spott. Er wusste, dass die tiefste Wahrheit oft von jenen belächelt wird, die sie nicht begreifen können. An seiner Seite stand seine Frau, die ihn hielt, wenn die

Zweifel kamen, wenn die Nächte lang und die Arbeit mühsam war. Sie ahnte, dass seine Liebe nicht nur ihr galt, sondern der ganzen Schöpfung, dem Universum, das in all seinen Zyklen immer wieder geboren wurde und verging.

Und dann fiel der erste Regen, dann noch mehr – die Welt schien untergehen zu wollen. In meinem Herzen spüre ich, wie die Erde den Himmel umarmte, während die Wassermassen anstiegen. Die Arche, die bislang verspottet wurde, wurde zur einzigen Zuflucht. Doch es war keine einfache Aufgabe, alles an Bord in Einklang zu halten. Der Lärm der Tiere, die Unruhe und Enge, der Mangel an Raum und die Notwendigkeit, jedes Lebewesen zu versorgen, machten das Schiff zu einem kleinen Abbild der Welt: ein Ort, an dem Überleben nur dank Rücksicht und gegenseitiger Fürsorge möglich war.

Noahs Frau, die ihn immer unterstützt hatte, begann in dieser endlosen Zeit des Regens zu zweifeln. Ich kann ihren Schmerz nachfühlen: Tag um Tag das Prasseln des Wassers, der Anblick der grauen Wolken, kein Land in Sicht, keine Gewissheit. „Wie lange noch?“, fragte sie. „Hat Gott uns vergessen? Werden wir je wieder festen Boden betreten?“ Noah tröstete sie, hielt sie in den Armen und erklärte, dass das Universum weiteratmet, dass diese Prüfung zur göttlichen Ordnung gehört, die uns niemals wirklich verlässt. Für mich liegt in dieser Szene die Tiefe ihrer Liebe: Sie trotzt den Zweifeln und hält zusammen, weil sie wissen, dass Allah nie einen Gläubigen im Stich lässt.

Dann kam der Augenblick, auf den alle hofften: Die Taube kehrte mit einem Olivenzweig zurück. Ein Zeichen des Lebens, ein Versprechen der Erde, dass sie bereit war, erneut den Sonnenschein zu empfangen. In meiner Vorstellung höre ich ihre erleichterten Seufzer, sehe die

Tränen in den Augen von Noahs Frau – nun keine Tränen der Angst mehr, sondern solche, voller Dankbarkeit und neu gefundener Hoffnung.

Die Arche strandete und Noah und seine Familie setzten ihren Fuß auf trockenen Boden. Er errichtete einen Altar, um Allah zu danken, nicht nur für die Rettung, sondern auch für die Lektion, die sie gelernt hatten: Eine Reinigung, die im Inneren geschieht, ein Verstehen, dass die göttliche Ordnung nicht nur äußerlich, sondern tief in den Herzen zu spüren ist. Die Welt war erneuert, doch die eigentliche Erneuerung fand in ihnen selbst statt.

Noah repräsentiert für mich einen Wendepunkt im Bewusstsein der Menschheit: eine gründliche Reinigung und einen vollständigen Neuanfang. Die Flut ist mehr als ein Naturereignis, sie ist ein Symbol für den tiefgehenden Bewusstseinswandel. Genau wie das Universum sich durch Zyklen erneuert, durchlaufen auch wir Menschen in unserer spirituellen Entwicklung immer wieder Phasen der Reinigung und Neuorientierung.

Noah war ein Mann voller Liebe und Hingabe. Er hielt an den göttlichen Geboten fest, obwohl die Welt um ihn versank. Er liebte seine Frau mit einer Zärtlichkeit, die in harten Zeiten noch strahlender wirkte. Für mich ist ihre Verbindung ein Sinnbild für den Bund der Seelen, die Allah zusammenführt, damit sie einander stärken und den Spott der Ungläubigen überstehen. Ihre Kinder waren sein größter Schatz. Er lehrte sie Geduld und Mitgefühl, während um sie herum die Maßlosigkeit und Gewalt immer mehr zunahmen.

Als die Freunde sich abwandten, weil sie Noah für einen Träumer hielten, als er die Arche baute, blieb seine Frau zu ihm. Ich stelle mir vor, wie sie seinen Schmerz sah und ihn doch mit Sanftmut aufrecht hielt. Für mich zeigt das eine Liebe, die nicht nur zwei Menschen, sondern die ganze Schöpfung umfassen kann – genau so, wie das lebendige Universum unsere Erfahrungen eint.

Erst als die große Flut aufzog, erkannten die anderen, dass Noah nicht im Wahn versunken war, sondern die Wahrheit inmitten aller Verblendung bewahrt hatte. Die Arche, von vielen belächelt, wurde zum Sinnbild für jenen Glauben, der das Licht Allahs über alles stellt. Die Ausmaße dieser Katastrophe waren überwältigend – ich sehe mit meinem inneren Auge, wie die Berge unter dem Wasser verschwanden, wie Menschen, die sich an ihren Hochmut klammerten, ertranken, während die Tiere auf der Arche in ihrer Vielzahl das Erbe der Schöpfung bewahrten.

In diesen endlosen Tagen auf See spüre ich Noahs innere Verantwortung, die Tiere zu beruhigen, die Familie zusammenzuhalten und der Verzweiflung seiner Frau entgegenzutreten. Diese Zeit muss ein Mikrokosmos voller Tests gewesen sein: Rivalitäten zwischen Tieren, knappe Nahrung, Enge – eine Welt im Kleinen, in der wieder die Liebe und das Vertrauen an Allah das Gleichgewicht wahren mussten.

Mit der Olivenzweig-Taufe kam die finale Wende. Als Noah und seine Familie die Planken der Arche verließen, war alles anders: Der alte Hochmut der Menschen war weggespült, die Erde begann neu zu atmen, als hätten ihre Poren gereinigtes Licht in sich. Noah errichtete einen Altar, dankte Allah, und in diesem Akt sehe ich die tiefste Demut: Er wusste, dass nicht Macht und Besitz, sondern Mitgefühl und Glaube das Leben retten.

Die Welt war damit nicht nur körperlich gereinigt, sondern die Herzen derer, die überlebt hatten, trugen nun einen neuen Samen: das Bewusstsein, dass Liebe nicht bloß ein Gefühl ist, sondern eine Kraft, die uns durch jeden Sturm trägt. Diese Flut war nicht nur eine physische Katastrophe, sondern ein großes Lehrstück darüber, wie Allah das Universum zu jedem Zeitpunkt in Seiner Hand hält, wie Er uns Möglichkeiten zum Neubeginn schenkt, wenn wir uns an Ihn wenden.

Für mich ist Noah daher das leuchtende Beispiel eines Mannes, der im Chaos fest an Allah glaubte, der seine Familie und die gesamte Schöpfung in sein Herz schloss, und der dadurch die Menschheit durch einen unermesslichen Wandel führte. Die Botschaft dieser Geschichte liegt in der Erkenntnis, dass wir mit Allahs Hilfe jeder Katastrophe, ob äußerlich oder innerlich, begegnen können. Und dass Liebe, Glaube und die

Ehrfurcht vor dem lebendigen Universum uns am Ende dazu befähigen, ein neues Kapitel aufzuschlagen – gereinigt, erneuert und bereit, den Platz einzunehmen, den Allah für uns vorgesehen hat.

## Abraham (Ibrahim) – Der Bund zwischen Gott und der Schöpfung

Wenn ich die Geschichte von Abraham betrachte, wird sie für mich zum Spiegel einer tiefen Verbundenheit, die das gesamte Universum durchzieht. Er war ein Mann, der tiefer als alle anderen das Flüstern der Schöpfung vernahm, weil sein Herz offen war für das, was jenseits unserer sichtbaren Welt lag. Ich stelle mir vor, wie er inmitten einer Gesellschaft lebte, die vor lauter Götzenbildern den Blick auf die wahre göttliche Ordnung verloren hatte. Er dagegen spürte, dass es nur eine einzige Wahrheit gab – dass Allah selbst das Universum wie das Licht die Dunkelheit durchdrang.

Sein Weg begann mit einer besonderen Prüfung: Allah forderte ihn auf, sein Land und seine Heimat zu verlassen, um in ein unbekanntes Land aufzubrechen. Für mich ist das nicht nur ein äußerer Aufbruch, sondern ein Schritt der Seele, weg von all den Sicherheiten hin zu einem vollkommenen Vertrauen darauf, dass das Universum in all seiner Unermesslichkeit führt und liebt. Abraham zögerte nicht, weil er begriff, dass Liebe kein stilles Verharren, sondern ein mutiges Streben nach dem göttlichen Willen ist. In seinem Herzen hatte er erkannt, dass die göttliche Ordnung größer war als alles, was er bisher kannte, und dass der Glaube zu einem Bund wird, den Allah mit den Menschen schließt.

Doch der Weg war nicht ohne Leid. Seine Frau Sara, mit der er eine so innige Verbindung teilte, blieb lange ohne Kinder. Ich kann den Schmerz der beiden nachempfinden, wenn ich an ihren Wunsch denke, eine Nachkommenschaft zu haben, um den Bund weiterzutragen und die göttlichen Verheißungen in der Zukunft zu verankern. In ihrer Liebe zu Abraham und in dem Wunsch, seine Linie bestehen zu sehen, bot Sara ihm ihre Magd Hagar an. So kam Ismael zur Welt, der Erstgeborene – ein Zeichen dafür, dass Allahs Verheißung bereits begann, Wirklichkeit zu werden. Doch mit diesem freudigen Ereignis kam zugleich eine innere Spannung auf, denn Liebe und Eifersucht, Hoffnung und Zweifel sind oft eng verwoben.

Später gebar Sara, entgegen aller Erwartungen und natürlicher Möglichkeiten, ihren eigenen Sohn: Isaak. In mir löst diese Wendung einen tiefen Respekt vor Allahs Plan aus, denn sie zeigt, dass nichts unmöglich ist, wenn Er es so will. Dennoch führte die Geburt Isaaks zu einer weiteren Zerreißprobe in Abrahams Herz. Ich sehe vor mir, wie er versuchte, seiner Verantwortung sowohl gegenüber Ismael als auch gegenüber Isaak gerecht zu werden. Doch die Situation trieb Hagar und Ismael dazu, das Haus Abrahams zu verlassen. Für mich bedeutet das, dass das Universum nicht nur eine einzige Richtung kennt, sondern verschiedene Wege entstehen lässt, die doch zur gleichen Quelle zurückführen. In Ismael lag die Saat, die später zur Basis des Islams wurde, während Isaak die Linie des Judentums und Christentums fortführte – eine Trennung und zugleich ein Beweis dafür, dass Allah allen Seinen Geschöpfen einen Platz in Seinem Plan gibt.

Die vielleicht größte Prüfung Abrahams war der Moment, als Allah ihn aufforderte, seinen Sohn Isaak zu opfern. Diese Geschichte kann schnell grausam wirken, doch in Abrahams Augen war es der ultimative Test seines Vertrauens.

Würde er – trotz aller Liebe zu seinem Kind – die göttliche Ordnung über alles stellen? Er wusste, dass Allah nicht sinnlos zerstört, sondern dass jeder Schmerz, jede Herausforderung, eine Einladung zum tieferen Verständnis ist. Er legte Isaak auf den Altar, bereit, Allahs Willen zu folgen – und in diesem Augenblick offenbarte sich der Kern des Bundes. Allah verlangte kein Menschenopfer, sondern das Opfer des Zweifels, des

Egos, der irdischen Begrenzung. Für mich ist dies der Moment, in dem Abrahams Liebe zu Gott reiner war als seine Angst vor Verlust. Isaak wurde gerettet, und damit auch die geistige Linie, die bis in unsere Zeit hineinreicht.

Abrahams Weg war nicht der eines Eroberers, sondern der eines Wanderers und Vermittlers zwischen dem Irdischen und dem Himmlischen. Seine Mission war, die Unermesslichkeit des Universums zu erkennen und in seinem Herzen zu bewahren. Seine Ehrfurcht vor Allah war ungebändigt, weil er wusste, dass die göttliche Ordnung größer ist als alles, was ein Mensch je begreifen kann. Für mich steht er als Sinnbild eines Erbes, das sich über Generationen fortsetzt.

Als er starb, trug er die Gewissheit, dass sein Bund mit Allah nicht nur seine eigene Familie, sondern die ganze Welt betraf. In Isaak lag die Wurzel der jüdischen und christlichen Tradition, in Ismael die Basis des Islam. Doch in meinem Verständnis entspringen sie alle der gleichen Quelle: Abraham selbst, der durch seinen Glauben zeigte, dass Liebe keine Grenzen kennt, dass Glaube nicht an ein einziges Volk gebunden ist, sondern dass das Universum in seinem ständigen Atemfluss alle umfasst. Seine Prüfungen, Opfer und seine Hingabe zeigen mir, dass wahre Spiritualität nicht in äußerer Macht liegt, sondern in einem Vertrauen, das das Universum als lebendiges, von Allahs Liebe durchdrungenes Wesen begreift.

Abraham war die direkte Verbindung zwischen Gott und der Menschheit, und sein Glaube beweist, dass unsere Welt, unsere Schöpfung und das Universum auf Liebe und Treue gegründet sind. Er ist für mich das Streben nach höchster Wahrheit, die Entfaltung der göttlichen Ordnung durch Wissen und Erkenntnis. Nach seinem Tod lebte sein Erbe in seinen Kindern weiter. Mit der Zeit vergaßen viele seiner Nachkommen die ursprüngliche Reinheit dieses Bundes, und die Menschen entfernten sich erneut von der göttlichen Ordnung.

Jahrhunderte später, während die Nachkommen Isaaks in Ägypten unter der Herrschaft der Pharaonen litten, berief Allah einen neuen Propheten: Moses. Er sollte das Volk aus der Knechtschaft führen und die göttlichen Gesetze neu auf Erden verankern. Für mich schließt sich hier ein Kreis: Die göttliche Ordnung offenbarte sich wieder, diesmal durch Feuer und Gesetz, durch ein Wort, das in Steintafeln gemeißelt wurde. Moses war der nächste große Träger der Wahrheit, der die Menschen daran erinnerte, dass das Universum ein lebendiges Wesen ist, durchwoben von Allahs Liebe und gelenkt von ewigen Prinzipien. Die Reise des Glaubens setzte sich fort.

So sehe ich Abraham als einen Wanderer, der den Bund zwischen Gott und Schöpfung verkörpert. Seine Geschichte zeigt mir, dass Liebe keine Grenzen hat, dass wir alle in einem Universum leben, dessen Grundessenz die göttliche Ordnung ist. Die Nachkommen Isaaks gingen ihren Weg in der Tradition des Alten Testaments und des Evangeliums, während die Nachkommen Ismaels den Islam in sich trugen – doch beide Linien entsprangen demselben Gottesvertrauen. Wer in Abrahams Geist handelt, erkennt die Liebe als kosmisches Gesetz und versteht, dass Alles und Jeder in diesem unermesslichen Universum verbunden ist.

Für mich ist diese Erkenntnis ein Geschenk, das meinen eigenen Glauben bestärkt: dass wir durch Abrahams Prüfungen, seine Hingabe und sein tiefes Vertrauen sehen können, wie Allah uns ruft, über unsere eigenen Grenzen hinauszugehen und in Seiner Ordnung zu wachsen. Darin liegt der Bund zwischen Gott und der Schöpfung – ein

Band, das uns zeigt, wie sehr Liebe und Vertrauen das Grundfundament unserer Existenz sind, damals wie heute.

## Isaak (Ishaq) und Ismael (Ismail) – Die Erben des Glaubens

Ich möchte euch nun die Geschichte von Isaak und Ismael so erzählen, wie ich sie aus meiner Sicht und meiner tiefen Liebe zu Allah und dem lebendigen Universum verstehe. Genau diese Geschichte empfinde ich als eine der tiefsten Erzählungen über göttliche Vorsehung, Prüfung und Hingabe. Für mich sind Isaak und Ismael mehr als zwei Brüder, sie sind zwei Zweige eines göttlichen Baumes, der sich über Generationen hinweg ausbreitete. Und sie sind nicht bloß zwei Wege, sondern letztlich dasselbe Licht, das aus Allahs Weisheit entspringt. Ihre Wege mögen sich äußerlich unterscheiden, aber in ihrer Essenz führen sie zur selben Wahrheit – zur göttlichen Ordnung, die alles durchdringt.

Immer wenn ich an Isaak denke, berührt es mich, wie sehr Allah hier gezeigt hat, dass selbst das Unmögliche möglich wird, wenn Er es so will. Isaak wurde als Sohn Abrahams und Saras geboren, als Zeichen eines göttlichen Versprechens. Er war der Sohn der Geduld, der späten Hoffnung, ein Kind, das in hohem Alter geboren wurde, als menschliche Zweifel die Erfüllung einer Verheißung fast unmöglich erscheinen ließen. Doch die göttliche Ordnung kennt keine Grenzen, und Isaaks Geburt war ein Beweis dafür, dass Allah seine Versprechen hält. Es zeigt mir, dass nichts auf dieser Welt willkürlich geschieht, dass jedes Schicksal seinen Platz hat, so wie jeder Stern am Himmel einen festen Platz in der göttlichen Ordnung hat.

Sein Name, „der Lachende“, ist für mich nicht nur eine schöne Bedeutung, sondern ein Symbol für die Freude, die entsteht, wenn man sich der göttlichen Ordnung vollkommen hingibt. Isaak wuchs in einem Haus des Glaubens auf, lernte, dass Hingabe an Allah die höchste Tugend ist, und wurde selbst zum Träger dieser spirituellen Mission. Ich sehe ihn als das Beispiel für absolute Verlässlichkeit auf Allahs Verheißung, für das Wissen, dass jede Prüfung, jede lange Zeit des Wartens eine göttliche Weisheit in sich trägt.

Doch ich kann Isaaks Geschichte nicht erzählen, ohne über Ismael zu sprechen. Denn in meinem Herzen gehören sie untrennbar zusammen, so wie das Universum selbst viele Wege kennt, die doch alle in Allahs Licht münden. Ismael war der Erstgeborene Abrahams, der Sohn von Hagar. Obwohl seine Mutter eine Magd war, war sein Leben nicht weniger von Allah gesegnet. Für mich ist Ismael der Inbegriff dafür, dass Allah niemanden vergisst, dass kein Mensch weniger wert ist als ein anderer, dass wir alle in Seinem großen Plan eine bedeutende Rolle spielen. Seine Geburt war ebenso göttliche Vorsehung, sein Weg ebenso mit Prüfungen gepflastert wie der seines Bruders.

Seine frühe Kindheit war von Schwierigkeiten geprägt. Als Sara ihren eigenen Sohn Isaak gebar, entstand eine Spannung, die schließlich dazu führte, dass Hagar und Ismael die Gemeinschaft verlassen mussten. Abraham, der beide Söhne liebte, folgte dennoch Allahs Anweisung und brachte Hagar und Ismael in die karge Wüste von Paran. Mir tut es in der Seele weh, wenn ich mir Abrahams Zwiespalt vorstelle. Er musste loslassen, und doch wusste er, dass Allahs Wille größer war als sein eigenes Empfinden. Diese scheinbare Trennung war nicht das Ende von Ismaels Weg, sondern der Anfang eines neuen

Kapitels in der göttlichen Ordnung. Das Universum bleibt niemals stehen, und so bewegte sich auch sein Schicksal weiter – nicht ins Vergessen, sondern in eine andere Richtung, die ebenso von Allahs Licht erfüllt war.

Wenn ich an Hagar denke, sehe ich das Bild einer Mutter, die in der glühenden Hitze der Wüste um das Leben ihres Kindes kämpft. Wie verzweifelt muss sie gewesen sein, wie unermesslich ihre Angst, als das Wasser zur Neige ging und Ismael zu weinen begann. Doch anstatt aufzugeben, lief sie zwischen den Hügeln Safa und Marwa hin und her, immer auf der Suche nach Rettung. Ich stelle mir vor, wie der heiße Sand unter ihren Füßen brannte, wie ihr Herz raste und wie sie in ihrer größten Not rief – und

Allah sie hörte. Denn das Universum antwortet, wenn der Ruf aus tiefstem Glauben kommt. Ein Engel erschien und zeigte ihr eine Quelle, die aus dem trockenen Boden entsprang – der Brunnen Zamzam, ein Symbol für göttliche Fürsorge und die unendliche Liebe Allahs. Diese Quelle versiegte nie und wurde später zur heiligen Wasserquelle in Mekka, an der jedes Jahr Millionen von Pilgern trinken.

Dieses Ereignis ist für mich ein kraftvolles Zeichen, dass Allah niemals seine Diener im Stich lässt. Wenn ich selbst Prüfungen durchmache, wenn mir die Wege verborgen scheinen, erinnere ich mich an Hagar und daran, dass Allah in den dunkelsten Momenten den hellsten Weg eröffnet. Der Brunnen Zamzam wurde zu einem Zeichen für die Ewigkeit, als ein Beweis, dass Allah uns nie aufgibt, egal wie verloren wir uns fühlen mögen.

Isaak und Ismael lebten in unterschiedlichen Welten, doch beide waren Teil derselben göttlichen Ordnung. Isaak wurde zum Vater Israels, aus dessen Nachkommen Moses, David und Jesus hervorgingen. Ismael wurde zum Vater der arabischen Stämme, aus dessen Linie schließlich der Prophet Mohammed entsprang. Doch ihre Wege führten nicht auseinander – sie waren zwei Strahlen desselben Lichts. Beide Linien waren dazu bestimmt, die göttliche Botschaft zu tragen, das Universum mit Gerechtigkeit und Wahrheit zu erfüllen. Sie erinnern mich daran, dass Allahs Plan größer ist als menschliche Trennungen, dass wahres Wissen nicht in Abgrenzung, sondern in Einheit liegt.

Für mich ist das der wundervolle Beweis, dass Allah verschiedene Wege ermöglicht, die alle zur gleichen Quelle führen. Isaak und Ismael stehen für zwei Tore, durch die wir Allahs Botschaft in die Welt tragen können. Beide Türen führen zum selben göttlichen Raum, in dem die Liebe und die Verbundenheit des ganzen Universums zu spüren sind. Die göttliche Ordnung kennt keine Barrieren – sie umfasst alle, die sich ihrem Licht zuwenden. Juden, Christen und Muslime teilen dieses Erbe, auch wenn die Geschichte uns manchmal etwas anderes glauben lassen möchte. Doch das lebendige Universum zeigt uns die Wahrheit, wenn wir bereit sind, hinzusehen.

Die Geschichte dieser beiden Propheten ist für mich eine Erinnerung daran, dass Allah seine Verheißungen erfüllt, dass Prüfungen nicht Bestrafungen, sondern Prüfsteine des Glaubens sind. Isaak steht für die Beständigkeit der Verheißung, Ismael für die Kraft der Hingabe – gemeinsam stehen sie für die untrennbare Wahrheit des göttlichen Willens. Wenn ich darüber nachdenke, spüre ich, dass nichts auf der Welt wirklich verloren geht, sondern dass jeder Schritt, jeder Schmerz und jede Hoffnung Teil eines größeren göttlichen Plans sind. Genau das beschreibt meine Sichtweise: Die göttliche Weisheit durchzieht alles, und wir stehen in einem ewigen Strom der Barmherzigkeit. Der Brunnen Zamzam erinnert mich daran, dass Allahs Gnade unerschöpflich ist, wenn wir nur nach ihr suchen.

Wenn ich also die Geschichte von Isaak und Ismael in meinem Herzen bewege, sehe ich in ihnen eine Bestätigung meiner tiefen Achtung für das lebendige Universum. Denn beide zeigen mir, wie Allah in Seiner unendlichen Weisheit verschiedene Pfade erschließt, die alle in Seiner Liebe wurzeln. Isaak, der Sohn der Verheißung, und Ismael, der Vorfahre der arabischen Stämme, sind zwei Strahlen derselben göttlichen Wahrheit, die das Universum atmen lässt. Beide Erzählungen verbinden sich zu einem großen Ganzen, das mich lehrt: Egal woher wir kommen, in welchem Kontext wir aufwachsen, unser gemeinsamer Glaube an den einen Schöpfer vereint uns, da wir alle Teile desselben Atems Allahs sind.

## Jakob (Yaqub) – Der Prophet mit dem gesegneten Volk

Jakob war ein Mann, dessen Leben von göttlichen Prüfungen, tiefem Glauben und der Erfüllung eines großen Versprechens geprägt war. Er war nicht nur der Sohn Isaaks, sondern auch der Träger des Bundes, der durch seinen Vater und Großvater Abraham geschlossen wurde. In seinem Erbe lag das Vermächtnis, das Volk Gottes zu führen, die göttliche Ordnung in der Welt zu wahren und das Wissen um die Verbindung zwischen Himmel und Erde weiterzugeben. Für mich ist seine Geschichte ein Spiegelbild der ewigen Bewegung des Universums – eine Reise durch Prüfungen und Offenbarungen, geführt von der unerschütterlichen Liebe Allahs.

Schon vor seiner Geburt deutete sich an, dass Jakobs Leben von Konflikten, aber auch von großer Bestimmung geprägt sein würde. Bereits im Mutterleib rang er mit seinem Zwillingsbruder Esau, als Zeichen dafür, dass seine Existenz stets ein Kampf um Erkenntnis, Gerechtigkeit und den göttlichen Willen sein würde. Als junger Mann erhielt er den Segen seines Vaters, obwohl dieser ursprünglich seinem Bruder zugedacht war. Doch nichts geschieht im Universum ohne göttliche Ordnung – dieser Segen war kein Zufall, sondern eine Bestimmung, die Jakob in eine Rolle drängte, für die er geboren war.

Sein Leben nahm eine schmerzhafte Wendung, als er gezwungen war, sein Zuhause zu verlassen. In der Furcht vor Esaus Zorn floh er in die Fremde, doch gerade in der Einsamkeit der Wüste offenbarte sich ihm die gewaltige Realität des göttlichen Plans. Eines Nachts, erschöpft und allein, hatte er eine Vision – ein göttliches Zeichen, das mir jedes Mal Gänsehaut bereitet, wenn ich daran denke. Er sah eine gewaltige Leiter, die sich von der Erde bis zum Himmel erstreckte, Engel stiegen auf und nieder, und über allem stand Allah selbst. In dieser Vision lag eine tiefere Wahrheit: Der Mensch ist niemals abgeschnitten vom Göttlichen. Die Verbindung zwischen Himmel und Erde ist lebendig, eine Brücke, die durch Gebet, Glaube und Erkenntnis beschritten werden kann.

Jakob erwachte mit einer Gewissheit, die sein Leben veränderte. Er wusste, dass seine Reise nicht eine Flucht war, sondern eine göttliche Führung. An diesem Ort setzte er einen Stein als Zeichen der Heiligkeit und nannte ihn Bet-El, das „Haus Gottes". Ich stelle mir diesen Moment immer als einen Punkt der Klarheit vor, als ein Innehalten inmitten einer stürmischen Reise. Wie oft in meinem eigenen Leben habe ich mich verirrt gefühlt, nur um dann zu erkennen, dass Allah mich nicht verlassen hat, sondern mich nur auf einen neuen Pfad führt? Jakobs Geschichte zeigt mir, dass selbst in der Fremde Allahs Zeichen leuchten und dass das Universum nie schweigt, sondern ständig mit uns kommuniziert.

Seine Jahre in der Fremde waren nicht einfach, doch sie formten ihn. Er heiratete, gründete eine Familie, und seine zwölf Söhne wurden nicht nur seine Kinder, sondern die Wurzeln eines großen Volkes. Diese zwölf Söhne wurden die Begründer der zwölf Stämme Israels – ein Volk, das den göttlichen Bund weitertragen sollte. Doch das

Schicksal verlangte von Jakob eine letzte große Prüfung, eine, die seine Identität für immer verändern würde.

Auf dem Weg zurück in seine Heimat stand er in einer dunklen Nacht einer mysteriösen Gestalt gegenüber. Sie rangen miteinander, Stunde um Stunde, bis zum Morgengrauen. War es ein Engel? War es ein göttlicher Bote? Oder war es eine Manifestation seines eigenen inneren Kampfes, seines Wachsens und Reifens auf seinem spirituellen Weg? Diese Frage bewegt mich immer wieder. Vielleicht war es alles gleichzeitig. Vielleicht war es die Art und Weise, wie das Universum ihm zeigen wollte, dass er bereit war, eine neue Identität anzunehmen, ein neues Erbe zu tragen.

Als der Kampf endete, erhielt Jakob einen neuen Namen. „Du sollst nicht mehr Jakob heißen, sondern Israel, denn du hast mit Gott und Menschen gekämpft und gesiegt." Dieses göttliche Wort erfüllte nicht nur ihn, sondern wurde zum Fundament eines ganzen Volkes. Der Name „Israel" – „Gottes Streiter" – symbolisierte nicht nur einen Mann, sondern eine Nation, die durch Prüfungen hindurchgehen würde, die fallen und aufstehen würde, doch immer in der göttlichen Ordnung verankert bleiben sollte.

Für mich ist dies der tiefste Moment in Jakobs Leben. Hier sehe ich das ewige Ringen eines jeden Menschen mit seinem eigenen Schicksal, mit seinen Ängsten, mit seiner Bestimmung. Allah gibt uns Prüfungen, nicht um uns zu bestrafen, sondern um uns zu wachsen zu lassen. Das Universum lebt, es bewegt sich, es fordert uns heraus, weil es will, dass wir aufsteigen – dass wir den Weg zur Wahrheit finden, selbst wenn er durch Dunkelheit führt.

Jakob und seine Nachkommen wurden zu Trägern eines Bundes, der bis heute in den Herzen der Gläubigen weiterlebt. Seine Geschichte zeigt mir, dass die göttliche Ordnung nicht nur in großen Ereignissen sichtbar wird, sondern auch in den kleinen Momenten des Zweifels, des Vertrauens, des Wiederfindens. Wie oft suchen wir nach Zeichen, ohne zu erkennen, dass sie bereits um uns herum existieren? Wie oft glauben wir, verloren zu sein, nur um später zu erkennen, dass wir geführt wurden?

Für mich sind Isaak, Ismael und Jakob keine bloßen historischen Figuren, sondern lebendige Zeichen der göttlichen Ordnung. Sie zeigen mir, dass Allahs Liebe keine Grenzen kennt, dass das Universum selbst ein

Geflecht aus Bestimmungen und Prüfungen ist, das jeden einzelnen von uns mitnimmt auf eine Reise, die größer ist, als wir es uns je vorstellen können. Jakobs Traum von der Himmelsleiter ist nicht nur sein Traum – er ist mein Traum, er ist der Traum eines jeden Gläubigen, der sich nach der Wahrheit sehnt.

Wenn ich über diese Geschichten nachdenke, dann spüre ich die Kraft, die das Universum durchströmt. Ich sehe, wie Allah uns immer wieder Zeichen gibt, Wege öffnet, Hindernisse in Prüfungen verwandelt, die uns formen. Das lebendige Universum spricht mit uns, es flüstert uns göttliche Wahrheiten zu, wenn wir bereit sind, sie zu hören. Jakob hat seine Wahrheit in einer Nacht des Kampfes gefunden, und wir alle müssen unseren eigenen Kampf führen, unser eigenes Ringen mit dem, was wir sind und was wir werden sollen.

Jakobs Geschichte erinnert mich daran, dass wir nicht allein sind. Sie erinnert mich daran, dass jedes Opfer, jede Reise, jede Dunkelheit letztlich zu Licht führt. Und sie zeigt mir, dass Allah immer mit uns ist, so wie er es mit Jakob war – in unseren Kämpfen, in unseren Träumen und in unserer tiefsten Sehnsucht nach der Wahrheit

## Josef (Yusuf) – Der Prophet der Geduld und Vorsehung

Josef (Yusuf) war ein Mann, dessen Leben eine Kette von Prüfungen war, doch in allem, was ihm widerfuhr, zeigte sich die göttliche Ordnung. Er war das Sinnbild der Geduld, der Glaube, der selbst in Dunkelheit strahlt, und der Beweis, dass das Universum einen höheren Plan für jeden Menschen bereithält. Seine Geschichte ist nicht nur die eines einzelnen Mannes, sondern die eines Schicksals, das sich von Verrat zu Triumph wandelt, geführt von der unsichtbaren Hand Gottes.

Josef war der geliebteste Sohn seines Vaters Jakob (Yaqub). Er war das Kind der späten Jahre, geboren aus der innigen Liebe zwischen Jakob und Rahel. Doch diese Liebe zog den Neid seiner Brüder auf sich. Die Brüder sahen ihn als Bedrohung, denn er hatte Träume, die ihn als zukünftigen Herrscher über sie zeigten. In seinen Visionen sah er Sterne, Sonne und Mond, die sich vor ihm verneigten – ein Zeichen seiner göttlichen Bestimmung.

Doch anstatt seine Worte als göttliches Zeichen zu verstehen, brannte in den Herzen seiner Brüder Eifersucht. Sie wollten ihn aus dem Weg schaffen, wollten sein Licht auslöschen, ohne zu wissen, dass das Universum keinen göttlichen Plan verhindern lässt. Sie lockten ihn in eine Falle, warfen ihn in einen tiefen Brunnen und ließen ihn zurück. Sie täuschten ihren Vater, indem sie sein Gewand mit Blut benetzten, um seinen Tod vorzutäuschen. Doch Josef war nicht verloren – Gott hatte seinen Weg bereits bestimmt. Eine Karawane, die nach Ägypten zog, fand ihn und verkaufte ihn als Sklaven. So begann sein Weg von einem freien Sohn zu einem Diener in einem fremden Land.

In Ägypten wurde Josef als Sklave in das Haus eines mächtigen Mannes, Potifar, verkauft. Er diente mit Loyalität, und seine Weisheit und Reinheit wurden erkannt. Doch bald fiel er einer Intrige zum Opfer – die Frau seines Herrn begehrte ihn und, als er sich weigerte, warf sie ihm vor, sie entehrt zu haben. Ohne Beweise und ohne Gerechtigkeit wurde Josef ins Gefängnis geworfen. Doch auch in der Dunkelheit der Zelle erlosch sein Glaube nicht. Er wusste, dass das Universum nach göttlicher Ordnung verläuft und dass Geduld der Schlüssel zu jeder Prüfung ist.

Josef hatte eine besondere Gabe – die Fähigkeit, Träume zu deuten. Im Gefängnis begegnete er zwei Mitgefangenen, deren Träume ihn auf die nächste Phase seines Schicksals vorbereiteten. Er deutete ihre Visionen korrekt, und einer von ihnen, ein Diener des Pharaos, wurde später seine Brücke zur Erlösung. Als der Pharao von Ägypten eines Tages selbst von rätselhaften Träumen heimgesucht wurde, in denen sieben fette Kühe von sieben mageren verschlungen wurden und sieben volle Ähren von sieben dürren verdrängt wurden, konnte niemand im Reich seine Bedeutung entschlüsseln. Doch der einst vergessene Diener erinnerte sich an Josef und führte ihn zum Herrscher.

Josef erklärte dem Pharao, dass die Träume eine göttliche Warnung waren – sieben Jahre des Überflusses würden kommen, gefolgt von sieben Jahren des Hungers. Er riet dem Herrscher, Vorräte anzulegen, um das Volk zu retten. Beeindruckt von seiner Weisheit, machte der Pharao ihn zu seinem Berater, zum Verwalter des Landes – und der einstige Sklave wurde zu einem der mächtigsten Männer Ägyptens.

So geschah es, dass Josef nicht nur Ägypten vor der Hungersnot bewahrte, sondern auch zur Rettung seiner eigenen Familie wurde. Denn als der Hunger sich über die umliegenden Länder ausbreitete, kamen seine Brüder nach Ägypten, ohne zu wissen, dass der mächtige Verwalter, vor dem sie standen, ihr eigener Bruder war.

Josef erkannte sie sofort, doch sie erkannten ihn nicht. Er prüfte ihre Herzen, wollte sehen, ob sie sich verändert hatten. Schließlich offenbarte er sich ihnen und sprach: „Ich bin Josef, euer Bruder, den ihr verkauft habt. Doch fürchtet euch nicht. Gott hat mich vorausgeschickt, um Leben zu retten." Er zeigte keine Wut, keine Vergeltung – nur Vergebung. Er verstand, dass alles, was geschehen war, Teil eines größeren göttlichen Plans war.

Schließlich wurde auch Jakob nach Ägypten gebracht, und die Familie wurde wieder vereint. Josef war nicht mehr der verlassene Junge im Brunnen – er war der Erretter seines Volkes, derjenige, durch den Gottes Plan vollendet wurde.

Die Geschichte Josefs zeigt, dass das Universum nach göttlicher Ordnung verläuft und dass selbst Verrat zum göttlichen Segen führen kann. Geduld und Vertrauen in Gott sind die stärksten Kräfte, die einen Menschen durch die dunkelsten Zeiten tragen können. Vergebung ist mächtiger als Rache, denn wahre Größe zeigt sich in der Gnade. Josef wurde verraten, verkauft, verbannt – doch er blieb standhaft. Er wusste, dass Prüfungen nicht das Ende, sondern die Vorbereitung auf eine größere Bestimmung sind. Seine Geschichte bleibt ein leuchtendes Beispiel dafür, dass das Universum sich immer nach göttlicher Harmonie entfaltet – und dass wahre Macht nicht im Hass, sondern in der Liebe liegt.

Wenn ich über diese Geschichte nachdenke, wird mir immer wieder bewusst, wie sehr sie das Prinzip verdeutlicht, dass Allah das Universum wie einen fein gesponnenen Teppich webt. Jeder Faden – selbst der, der aus Verrat und Schmerz besteht – kann Teil eines großartigen Musters werden, das wir erst im Nachhinein begreifen. Für mich ist Josef ein lebendiges Zeugnis dieses Prinzips. Seine Geduld in der Dunkelheit, sein fester Glaube trotz Demütigungen, und schließlich sein Platz an der Seite des Pharaos zeigen, wie das Universum Antworten hat, wenn wir Gott unser Vertrauen schenken.

In meiner Achtung für das Universum als lebendiges Wesen sehe ich, dass Josefs Weg nicht nur zufällige Wendungen enthält, sondern dass jede Begegnung, jeder Traum, jede Prüfung seinem Wachstum diente. Allah ließ ihn niemals fallen, sondern bereitete ihn auf sein höheres Ziel vor: ein Retter in der Not, ein Verwalter des Landes, der sogar seine feindlich gesinnten Brüder in Liebe aufnahm. Dieses Motiv der Vergebung und die innere Stärke, trotz allem demütig zu bleiben, machen Josef für mich zu einem Beispiel, das mir zeigt: Wir können in jeder noch so dunklen Situation an den Schöpfer glauben, an die tiefe Ordnung, die hinter allem steht.

Und so bleibt Josefs Geschichte für mich mehr als ein biblisches oder koranisches Narrativ. Sie ist ein spiritueller Kompass, der mir zeigt, dass die unsichtbare Hand Gottes das Universum zu einem Ort formt, in dem Geduld und Gnade am Ende stets triumphieren. Wo andere nur den Verrat sahen, offenbarte Allah Seinen Plan – und wo man nur das Leid eines Sklaven vermutete, keimte bereits die Zukunft eines ganzen Volkes. Darum bin ich überzeugt, dass unsere eigenen Geschichten, voller Prüfungen und Rückschläge, in der Hand des Schöpfers ebenso zu einem Beleg für seine Liebe und Gerechtigkeit werden können.

## Hiob (Ayyub) – Der Prophet des Leidens und der Geduld

Ich sehe in der Geschichte von Hiob (Ayyub) eines der tiefsten Zeichen der göttlichen Weisheit. Sie zeigt mir, dass Glaube nicht nur in Momenten des Glücks und des Überflusses besteht, sondern vor allem in den dunkelsten Zeiten bewiesen wird. Hiob war ein Mann, dessen Herz rein war, dessen Leben von Dankbarkeit erfüllt war, und doch wurde ihm alles genommen. Ich denke oft über diese Geschichte nach, denn sie erinnert mich daran, dass das Universum nach einer Ordnung funktioniert, die wir Menschen nicht immer begreifen können. Es gibt Momente im Leben, in denen alles, was wir lieben, uns entrissen wird, in denen Schmerz und Einsamkeit uns umgeben. Doch was bleibt, ist unser Herz, das sich an Allah klammert, egal wie sehr das Leid an uns zehrt.

Hiob war ein wohlhabender Mann, gesegnet mit Besitz, mit einer großen Familie, mit einem Leben, das nach außen hin vollkommen schien. Doch das Entscheidende war nicht sein Reichtum, sondern sein unerschütterlicher Glaube. Er war sich bewusst, dass nichts, was er besaß, ihm wirklich gehörte – alles war eine Leihgabe von Allah, eine Gabe, die genauso genommen werden konnte, wie sie einst gegeben wurde. Diese Einsicht berührt mich tief, denn sie zeigt, dass wahrer Reichtum nicht in materiellen Dingen liegt, sondern in der Verbindung zu Allah, in der Dankbarkeit, mit der wir unsere Tage verbringen.

Doch dann kam die Prüfung. Das Universum stellte ihn auf die Probe, ließ ihn alles verlieren: seinen Besitz, seine

Kinder, seine Gesundheit. Innerhalb kürzester Zeit verwandelte sich sein Leben von einem Ort der Zufriedenheit in einen endlosen Strom aus Schmerz und Verlust. Wenn ich darüber nachdenke, spüre ich die Last dieser Prüfung, das Unvorstellbare daran, alles zu verlieren, was einem Halt gibt. Seine Kinder wurden ihm genommen, sein Körper verfiel unter einer grausamen Krankheit, und selbst seine Freunde, die zu ihm kamen, um ihn zu trösten, gaben ihm keine Hilfe, sondern warfen ihm vor, er müsse gesündigt haben, sonst hätte Allah ihn nicht so bestraft. Ich stelle mir Hiob vor, wie er, gezeichnet von Leid und Einsamkeit, diese Worte hört. Wie er sich fragt, warum diejenigen, die ihn kannten, nicht sahen, dass er noch immer derselbe Mensch war, dass sein Glaube nicht geschwunden war.

Noch schlimmer war es, als seine eigene Frau ihn bat, seinen Glauben aufzugeben. „Verfluche Gott und stirb!“ rief sie in ihrer Verzweiflung, und doch blieb er standhaft. Es erschüttert mich, wenn ich mir diese Szene vorstelle. Selbst jene, die ihn einst geliebt hatten, konnten nicht mehr verstehen, warum er weiterhin an Allah festhielt. Doch Hiob wusste, dass Glaube nicht bedeutet, Allah nur in guten Zeiten zu preisen, sondern Ihm auch in dunklen Momenten treu zu bleiben. Sein Herz blieb unbeirrt, und seine Worte klingen für mich wie das tiefste Vertrauen, das ein Mensch aufbringen kann: „Der Herr hat gegeben, der Herr hat genommen. Gepriesen sei der Name des Herrn.“ In diesen Worten liegt eine Weisheit, die mich immer wieder demütig macht. Es zeigt mir, dass unser Leben ein Geschenk ist, aber keines, auf das wir einen Anspruch haben. Alles, was wir besitzen, sogar unsere Gesundheit, ist vergänglich. Das Einzige, was bleibt, ist unsere Verbindung zu Allah.

Tag für Tag saß er im Staub, verlassen von den Menschen, geplagt von Schmerzen, ohne zu wissen, wann oder ob sein Leid enden würde. Doch nie stellte er seinen Schöpfer infrage, nie ließ er auch nur einen Hauch von Zweifel in sein Herz. Ich frage mich oft, ob ich diese Stärke hätte. Könnte ich durch einen solchen Sturm gehen, ohne mich von meiner Verzweiflung überwältigen zu lassen? Hiobs Geschichte ist für mich nicht nur eine über Leid, sondern über wahre Hingabe. Er wusste, dass das Universum größer ist als seine eigene Existenz, dass Allahs Plan jenseits menschlichen Verständnisses liegt. Und genau diese Erkenntnis trägt mich auch durch meine eigenen Prüfungen. Ich erinnere mich daran, dass Allah das große Ganze sieht, dass unser Leid oft nur ein kleiner Moment in einem viel größeren Bild ist.

Und dann, nach all diesen Jahren des Leidens, sprach Allah zu Hiob. Er stellte ihn nicht zur Rede, warf ihm keine Sünden vor, sondern offenbarte ihm die Größe des Universums. „Wo warst du, als ich die Erde gründete? Sag es mir, wenn du so viel weißt!" Diese Worte hallen in mir nach, denn sie erinnern mich daran, dass wir Menschen oft versuchen, die göttliche Ordnung mit unserem begrenzten Verstand zu erfassen. Doch wie könnten wir das? Wie könnten wir begreifen, warum uns etwas widerfährt, wenn wir nicht einmal die Sterne zählen oder die Tiefe der Meere messen können? Hiob verstand, dass sein Leid nie bedeutete, dass Allah ihn verlassen hatte. Es war eine Prüfung, eine Gelegenheit, seinen Glauben über alle irdischen Begrenzungen hinauszuheben.

Seine Geduld, seine Standhaftigkeit wurde schließlich belohnt. Allah heilte ihn, gab ihm alles zurück – seinen Reichtum, seine Gesundheit, eine neue Familie. Doch für mich ist das nicht das wahre Wunder der Geschichte. Das eigentliche Wunder ist, dass Hiob auch ohne diese Wiederherstellung noch immer an Allah geglaubt hätte. Er brauchte keine Belohnung, denn sein Glaube war nie von weltlichen Dingen abhängig. Ich stelle mir vor, wie er, von seinem Leid befreit, doch mit einem noch tieferen Verständnis des Universums, über die Weiten des Himmels blickt und erkennt, dass alles seinen Platz hat. Dass wir Menschen nicht dazu da sind, immer zu verstehen, sondern darauf zu vertrauen, dass Allah weiß, was für uns gut ist.

Wenn ich über Hiobs Leben nachdenke, sehe ich darin eine der tiefsten Lektionen des Glaubens. Es ist leicht, Allah zu lieben, wenn alles gut läuft, wenn das Leben in Harmonie ist. Doch wahrer Glaube zeigt sich in Zeiten, in denen wir alles verlieren, in denen wir allein und verlassen sind, in denen wir das Gefühl haben, dass Allah schweigt. Hiob hat mich gelehrt, dass selbst dann, wenn das Universum still erscheint, Allah da ist. Dass Geduld nicht bedeutet, einfach nur zu warten, sondern mit Vertrauen zu ertragen. Dass Leid nicht immer eine Strafe ist, sondern eine Prüfung, die uns formt, die uns tiefer in unseren Glauben eintauchen lässt.

Ich glaube fest daran, dass das Universum nach einer göttlichen Ordnung gestaltet ist, dass jede Prüfung, jedes Leid einen Sinn hat, auch wenn wir ihn in dem Moment nicht sehen können. Hiobs Geschichte erinnert mich daran, dass unsere größte Aufgabe nicht ist, alles zu verstehen, sondern zu vertrauen. Sie lehrt mich, dass Geduld ein Schlüssel zur wahren Verbindung mit Allah ist, dass jeder Schmerz vergeht, wenn wir uns in Seine Hände begeben. Und vor allem zeigt sie mir, dass Liebe zu Allah keine Bedingung hat. Sie ist nicht an Glück oder

Reichtum gebunden, sondern ist das Licht, das uns auch in der tiefsten Dunkelheit nicht verlässt.

## Moses – Die Gesetze der Schöpfung

Moses war ein Kind des Schicksals, geboren in einer Zeit der Angst und Unterdrückung. Das Volk Israels, einst willkommen in Ägypten, wurde zur Knechtschaft gezwungen. Der Pharao, getrieben von Angst und Machtgier, sah in den Hebräern eine Bedrohung und erließ ein grausames Dekret: Alle neugeborenen hebräischen Jungen sollten in den Fluten des Nils ertränkt werden, um das Volk kleinzuhalten. Doch die universelle Ordnung, durchdrungen von der großen Macht der Liebe, lässt sich nicht durch Menschenhände zerstören.

Wenn ich auf unsere heutige Welt blicke, sehe ich, wie sich die Geschichte wiederholt. Mächtige fürchten den Aufstieg derer, die sie unterdrücken, und sie tun alles, um die göttliche Ordnung zu stören. Doch wie damals kann kein Mensch Allahs Plan verhindern. Er ist der Eine, der alles lenkt, und Seine Liebe durchströmt das Universum wie das Wasser des Nils. Wenn ich diese Geschichte betrachte, erkenne ich, dass das Universum, das ich als ein lebendiges Wesen empfinde, unter Allahs Führung steht. Es trägt uns, führt uns und lenkt uns nach Seinem Willen.

Moses' Mutter, Jochebed, war eine Frau von unerschütterlichem Glauben. Sie konnte nicht zulassen, dass ihr Sohn dem grausamen Dekret des Pharaos zum Opfer fiel.

In einer stillen Nacht, unter dem leisen Flüstern der Winde und dem fernen Rauschen des Nils, bereitete sie ein kleines Kästchen aus Binsen vor, bestrich es mit Pech, damit kein Wasser eindringen konnte, und legte ihr Kind vorsichtig hinein. Mit bebendem Herzen, aber festem Vertrauen in die göttliche Ordnung, ließ sie den kleinen Moses in die Strömung des Flusses gleiten. Seine kleine Hand zuckte, als hätte er gespürt, dass sein Schicksal größer war als die Furcht, die seine Mutter durchlebte.

Dieses Bild berührt mich zutiefst, denn es erinnert mich daran, wie Allah stets über uns wacht, auch wenn wir von Angst überwältigt sind. Wie oft stehen wir vor Prüfungen, die uns unmöglich erscheinen, doch wenn wir uns Seiner

Führung anvertrauen, trägt uns das Universum selbst in Richtung unseres wahren Schicksals. So wie Jochebed ihren Sohn dem Willen Allahs übergab, so müssen auch wir unsere Ängste loslassen und auf Seine Liebe vertrauen. Manchmal müssen wir Dinge gehen lassen, damit Allah sie uns in größerer Weisheit zurückgibt.

Das Wasser des Nils war nicht nur ein Fluss, sondern ein Symbol für das Leben und die Prüfung, die das Universum selbst an die Menschen stellt. Die Wellen trugen das Kind sanft, als ob unsichtbare Hände es schützend lenkten. Während es zwischen den Ufern schaukelte, beobachtete Miriam, Moses' ältere Schwester, mit klopfendem Herzen aus dem Versteck des Schilfs, wie die Strömung ihren Bruder zu einer neuen Bestimmung führte. Sie wusste, dass das Universum Wege öffnete, wenn man den Mut hatte, ihm zu vertrauen.

Ich spüre, dass diese Geschichte mehr ist als eine Erzählung der Vergangenheit – sie ist eine universelle Wahrheit. Unser Leben ist wie ein Fluss, und manchmal werden wir von Strömungen fortgetragen, die wir nicht verstehen. Doch wenn wir mit Glauben und Hingabe auf Allah vertrauen, werden wir genau dorthin geführt, wo wir sein sollen. Das Universum, von Seiner göttlichen Ordnung durchdrungen, wird uns nicht verloren gehen lassen. Wir müssen nur erkennen, dass alles, was geschieht, unter Seiner Weisheit geschieht.

Schließlich wurde das Kästchen von Bediensteten der ägyptischen Prinzessin entdeckt, die am Ufer des Nils badete. Die Tochter des Pharaos hörte das leise Wimmern und trat näher, ihre Augen weiteten sich vor Staunen und Mitgefühl. Als sie das Kind aus dem Wasser hob, schien es ihr, als hätte das Universum ihr ein Geschenk überreicht. Sie spürte eine tiefe Verbindung zu dem wehrlosen Säugling und beschloss, ihn aufzunehmen. Doch sie wusste, dass das Kind eine Amme brauchte, und durch eine göttliche Fügung trat Miriam aus ihrem Versteck hervor und bot an, eine hebräische Frau zu finden, die das Kind stillen konnte. So geschah es, dass Jochebed, ohne dass jemand ahnte, dass sie die leibliche Mutter war, ihr Kind zurückbekam – zumindest für eine Weile.

Hier zeigt sich erneut die unendliche Weisheit Allahs. Was für einen Moment wie ein endgültiger Abschied aussah, wurde durch Seine Gnade zu einem Neuanfang. Wie oft in unserem eigenen Leben glauben wir, dass wir etwas verloren haben, nur um es in einer noch wundervolleren Weise zurückzubekommen? Ich sehe, dass Allahs Plan immer größer ist als unsere Vorstellungskraft. Es ist nicht unsere Aufgabe, jede Wendung des Weges zu verstehen – es ist unsere Aufgabe, zu vertrauen.

Als der Junge heranwuchs, brachte ihn seine Mutter schließlich zurück an den ägyptischen Hof, wo er als Sohn der Prinzessin aufgezogen wurde. Sie gab ihm den Namen Moses, „der aus dem Wasser Gezogene", nicht ahnend, dass dieses Wasser nicht nur seinen Körper getragen hatte, sondern auch sein Schicksal.

Moses wuchs im Glanz des ägyptischen Hofes auf, umgeben von Reichtum und Wissen. Feinstes Leinen bedeckte ihn, und seine Tage waren erfüllt mit den Lehren der Astronomie, der Medizin und der tiefgründigen Philosophie der alten Welt. Er wurde in den Künsten der Macht unterwiesen, doch tief in seinem Innersten spürte er eine Unruhe, ein leises, aber unaufhörliches Flüstern, das ihn nachts nicht schlafen ließ. Das Universum sprach zu ihm, sanft und eindringlich zugleich, als wollte es ihm klarmachen, dass er hier nicht vollständig war.

Er konnte die Kluft zwischen sich und dem Volk, aus dem er stammte, nicht ignorieren. Während er in Palästen wandelte, saßen andere, die sein eigenes Blut teilten, in Staub und Leid, gezwungen, unter der brennenden Sonne Steine für Monumente zu schleppen, die nicht für sie gedacht waren. Die Schreie der Unterdrückten schnitten durch die Mauern, drangen in sein Herz, ließen ihn nicht los. In den stillen Momenten fühlte er sich zerrissen, hin- und hergeworfen zwischen zwei Welten – der Macht, die er besaß, und der Wahrheit, die er nicht mehr leugnen konnte.

Dann kam jener Tag, der alles veränderte. Er sah, wie ein Aufseher einen hebräischen Sklaven mit unmenschlicher Grausamkeit schlug. Der Anblick ließ etwas in ihm erwachen, etwas, das in ihm brannte wie ein aufloderndes Feuer. Es war, als würde das Universum selbst durch seine Adern fließen, ihn anstoßen, ihn bewegen. Und in diesem einen Moment der absoluten Klarheit handelte er – er griff ein, ohne nachzudenken, ohne zu zögern. Der Schlag, der fiel, war endgültig. Der Aufseher lag leblos im Sand.

Das Universum konnte nicht betrogen werden. Die Wahrheit drängte sich immer ans Licht, und nun war er ein Flüchtiger. Die Straßen, auf denen er einst als Prinz gewandelt war, kannten ihn nicht mehr. Wo ihm einst Ehre entgegengebracht wurde, schlug ihm nun Feindseligkeit entgegen. Und so blieb ihm nur ein Weg – hinaus in die Wüste, fort von dem Leben, das ihm nicht mehr gehörte. Doch ich glaube, dass dies kein bloßes Unglück war, sondern ein göttlicher Ruf. Der Weg der Prüfung war bereits für ihn vorbereitet, denn das Universum, durchdrungen von Allahs unendlicher Weisheit, führt jeden zu seinem wahren Sein.

Die Wüste war nicht nur ein Ort, sie war eine Lektion. Sie war Weite und Stille, glühende Hitze am Tag und eisige Kälte in der Nacht. Sie beraubte ihn dessen, was unwichtig war, ließ ihn nackt und ehrlich mit sich selbst zurück. Dort, in der Unendlichkeit, musste er sich den Fragen stellen, die ihn schon so lange verfolgten. Wer war er? Ein Prinz Ägyptens oder ein Mann des unterdrückten Volkes? Was wollte Allah von ihm?

Schritt für Schritt ging er, und mit jedem Schritt fiel ein Teil der Vergangenheit von ihm ab. Schließlich erreichte er Midian, einen Ort fernab der Welt, die ihn kannte. Dort fand er Zuflucht, dort begegnete er Jitro, einem weisen Priester, der ihn aufnahm und ihm seine Tochter Zippora zur Frau gab. Er wurde ein Hirte, ein einfacher Mann, der das Leben in seiner reinsten Form erlebte. Jede Stunde in der Stille der Wüste formte ihn, ließ ihn wachsen. Er lernte, den Wind zu verstehen, die Bewegung der Sterne zu lesen, die Zeichen der Schöpfung zu erkennen. Er lauschte dem Universum, das lebendig atmete unter Allahs allumfassender Liebe.

Doch sein Weg war hier nicht zu Ende. Das Universum hatte ihn nicht vergessen, es bereitete ihn nur vor. Jede Prüfung, jedes Jahr, das er in Midian verbrachte, war eine Vorbereitung auf das, was kommen sollte. Denn es gibt keine Zufälle, nur Wege, die wir gehen müssen, um das zu werden, was Allah für uns bestimmt hat. Und so wartete die kosmische Ordnung, bis er bereit war – bereit, seinem wahren Schicksal zu begegnen.

Moses glaubte, dass er seiner Vergangenheit entkommen könne. Er hatte Ägypten hinter sich gelassen, die Paläste, die Macht, die Last seiner inneren Zerrissenheit. Doch das Schicksal holt jeden ein, der für etwas Größeres bestimmt ist. So war es auch mit ihm. Die Wüste wurde nicht nur zu seinem Zufluchtsort, sondern zu seinem Spiegel, zu einer unermüdlichen Stimme, die ihn herausforderte, sich selbst zu erkennen. Weit und still erstreckte sie sich vor ihm, unendlich in ihrer Weite, und doch schien sie ihn zu umarmen, ihn in ihre tiefste Stille einzuladen. Hier, wo kein Lärm der Welt ihn erreichte, spürte er das unaufhörliche Flüstern der göttlichen Ordnung, die in allem lebendig war – im Wind, der durch die Felsen strich, im Sternenhimmel, der ihn jede Nacht umhüllte, in der Bewegung der Herden, die ihm anvertraut waren.

Jeden Tag führte er die Schafe seines Schwiegervaters Jitro durch das zerklüftete Land. Die Zeit lehrte ihn Geduld, lehrte ihn, den Zeichen der Schöpfung zu lauschen. Er war ein einfacher Hirte geworden, und doch wusste er tief in sich, dass das Universum ihn nicht vergessen hatte. Es wartete. Es bereitete ihn vor.

Dann kam der Tag, an dem das Verborgene offenbar wurde. Während er sein Vieh über felsige Wege trieb, fiel sein Blick auf ein Licht, das nicht von dieser Welt zu sein schien. Ein Busch brannte mitten in der Ödnis, seine Flammen loderten hoch auf, doch er wurde nicht verzehrt. Das Feuer tanzte lebendig, nicht wie die zerstörerische Hitze, die er kannte, sondern wie eine Manifestation reiner Energie. Moses' Atem stockte. Das Universum hielt den Moment an, als würde es warten, dass er näher trat. Er spürte, dass er Zeuge von etwas war, das jenseits des Begreifbaren lag.

Dann, aus der Tiefe des Lichts, sprach eine Stimme. Sie hallte nicht nur durch die Luft, sondern durch ihn selbst, durch jede Faser seines Wesens, durch den Boden, der ihn trug, durch den Wind, der ihn umspielte.

„Moses, Moses! Zieh deine Schuhe aus, denn der Boden, auf dem du stehst, ist heilig. Ich habe das Leid meines Volkes gesehen, und ich werde sie befreien. Und du, Moses, wirst mein Werkzeug sein."

Sein Herz schlug heftig. Ehrfurcht, Angst, Widerstand – alles strömte gleichzeitig durch ihn. Wie sollte er, ein einfacher Hirte, ein Mann, der geflohen war, den Pharao herausfordern? Wie sollte er ein Volk befreien, das unter der Macht Ägyptens gefangen war?

„Wer bin ich", fragte er mit bebender Stimme, „dass ich vor den Pharao treten und dein Volk befreien könnte?" Er wusste, dass er nicht mehr der Prinz war, der er einst gewesen war. Er war niemand mehr.

Doch Allah ließ ihn nicht entkommen. „Ich bin, der ich bin“, sprach die Stimme des Ewigen. „Ich werde mit dir sein. Und durch dich werde ich meine Macht offenbaren.“

Moses zögerte. Sein Herz war schwer, sein Verstand voller Zweifel. Was, wenn sie ihm nicht glaubten? Was, wenn seine Stimme zu schwach war, um sie zu überzeugen? Doch dann begann das Universum, durch ihn zu sprechen. Die Zeichen, die ihm gegeben wurden, waren nicht bloße Wunder – sie waren Antworten. Sein Stab wurde zur Schlange, seine Hand erkrankte und heilte sich wieder, das Wasser wurde zu Blut. Alles war verbunden. Alles war geführt von einer höheren Ordnung.

Er verstand: Dies war kein Ruf, dem man sich entziehen konnte. Es war die unausweichliche Strömung der göttlichen Ordnung, die sich durch das lebendige Universum webte. Die Liebe Allahs war keine Last, sie war eine Kraft, die ihn trug. Es war Zeit. Er hatte keine Wahl, denn wahre Berufung lässt sich nicht aufhalten. Schweren Herzens, aber mit einem neuen Licht in seiner Seele, machte er sich auf den Weg zurück nach Ägypten.

Moses kehrte nach Ägypten zurück, erfüllt von seiner göttlichen Bestimmung. In seinem Herzen trug er den Auftrag Allahs, doch vor ihm stand der Pharao – ein Mann, der sich selbst für einen Gott hielt, der die Schöpfung nicht erkannte und die Zeichen des Universums ignorierte. Moses sprach mit der Klarheit eines Menschen, der nicht mehr aus sich selbst, sondern aus einer höheren Wahrheit sprach. Er warnte den Pharao, doch dieser lachte. Für ihn war Moses ein einfacher Mann, ein Hirte, ein niemand. Er glaubte nicht an den unsichtbaren Gott Israels, denn sein eigenes Herz war von Stolz und Machtgier verhärtet. Doch das Universum kann nicht verhöhnt werden. Es antwortete nicht mit Worten, sondern mit Zeichen, die unübersehbar waren.

Zuerst verwandelte sich das Wasser des Nils in Blut. Der Fluss, der einst Leben spendete, wurde zu einem Symbol des Todes. Fische trieben leblos an der Oberfläche, der Gestank kroch in jede Stadt, in jedes Haus. Die Ägypter hielten sich Tücher vor Mund und Nase, suchten verzweifelt nach sauberem Wasser, doch fanden keines. Ein Strom, der über Jahrtausende das Land ernährt hatte, war vergiftet worden, und nichts konnte die Strafe aufhalten. Doch der Pharao blieb unberührt, als sei er blind für das, was geschah.

Dann kamen die Frösche. Sie krochen aus den verseuchten Wassern, bedeckten das Land, sprangen in die Betten der Reichen und Armen, in die Speisekammern, in die Tempel der ägyptischen Götter. Ihr Quaken erfüllte die Nächte, ließ die Menschen nicht schlafen, brachte Unruhe, Angst, Wahnsinn. Noch nie hatte das Land so etwas gesehen, doch der Pharao blieb standhaft. Sein Herz verschloss sich vor dem Offensichtlichen.

Dann wurden die Ägypter von Läusen und Stechmücken heimgesucht. Ein Schatten aus winzigen Kreaturen legte sich über sie. Die Menschen kratzten sich die Haut wund, die Tiere litten, doch die Plage nahm kein Ende. Die Priester des Pharaos, die bis dahin geglaubt hatten, mit ihren eigenen Künsten gegen Moses ankommen zu können, senkten ihre Köpfe. „Das ist die Hand Gottes", flüsterten sie. Doch der Pharao verharrte in seinem Hochmut.

Daraufhin entfesselte sich die Wildnis. Löwen, Schlangen, Hyänen und Wölfe brachen aus ihren Verstecken hervor. Sie jagten nicht mehr nur in den Wüsten, sondern drangen in die Städte ein, rissen Menschen nieder, verbreiteten Schrecken. Das Land Ägypten, das einst stolz und unerschütterlich war, war nicht mehr sicher. Doch der Pharao hörte nicht.

Dann wurde das Land von einer Viehpest ergriffen. Die einst mächtigen Herden der Ägypter fielen wie Blätter im Wind. Kühe, Ziegen, Schafe – die Grundlage ihres Wohlstands – verendeten vor ihren Augen. Ein Volk, das sich für unantastbar hielt, sah, wie sein Reichtum in Staub zerfiel. Doch der Pharao ließ sich nicht beugen.

Als Nächstes traf die Plage der Geschwüre Mensch und Tier gleichermaßen. Schmerzen, die kein Arzt lindern konnte. Die Hohepriester Ägyptens, die so stolz auf ihre Wissenschaft und ihre Medizin gewesen waren, konnten nichts tun. Sie waren selbst befallen, geschlagen von etwas, das sie nicht verstehen konnten. Ihr Wissen hatte Grenzen, doch Allahs Macht war unbegrenzt. Noch immer aber verweigerte sich der Pharao.

Dann kam die Dunkelheit. Kein gewöhnlicher Schatten, sondern eine Finsternis, die alles verschlang. Die Sonne, die Ägypten stets mit Leben gefüllt hatte, schien nicht mehr. Die Menschen irrten in ihren Häusern umher, tasteten nach Licht, fanden nichts. Die Dunkelheit erstreckte sich über das gesamte Land, drei Tage lang. Kein Feuer brannte, kein Licht erhellte die Nacht. Die Menschen verloren das Zeitgefühl, verloren den Verstand. Doch selbst als das Licht zurückkehrte, blieb das Herz des Pharaos verschlossen.

Dann kam die letzte Plage – die schrecklichste von allen. In der tiefsten Stunde der Nacht fuhr der Engel des Herrn durch Ägypten. Kein Erstgeborener wurde verschont, außer jene, die das Blut eines Lammes an ihren Türen hatten. Die Schreie der Mütter hallten durch das Land. Kein Haus blieb verschont, kein Palast, keine Hütte. Der Pharao selbst verlor seinen erstgeborenen Sohn. Da, endlich, brach sein Stolz. Die Macht Allahs war nicht mehr zu leugnen.

Die Ägypter flehten Moses an: „Nimm dein Volk und geht!" Der Pharao, gebrochen, gab nach. Das Volk Israel verließ Ägypten in der Dunkelheit der Nacht. Es war nicht nur ein Aufbruch aus der Knechtschaft, es war die Bewegung des Universums selbst, das einen neuen Weg öffnete. Sie waren befreit – nicht durch menschliche Revolution, sondern durch die göttliche Ordnung, die kein Herrscher dieser Welt aufhalten kann.

Doch ihre Reise war erst der Anfang. Moses führte sie hinaus, während die göttliche Macht über ihnen wachte. Mit jedem Schritt, den sie taten, wurde ihnen klar: Die Liebe Allahs war größer als jede irdische Macht. Das Universum, geführt von Seiner unermesslichen Weisheit, hatte sie nicht vergessen. Es trug sie in eine Zukunft, die größer war, als sie es sich je hätten vorstellen können.

Die Israeliten hatten Ägypten verlassen, befreit von der Knechtschaft, doch die Freiheit bedeutete nicht das Ende ihrer Prüfungen – sie war der Beginn einer neuen Reise, einer Reise, in der Allah sie formen würde. Sie zogen hinaus in die Wüste, ein weites, endloses Land, in dem nichts mehr an die Straßen Ägyptens erinnerte. Die Hitze der Sonne brannte auf ihre Körper herab, der Wind trug den feinen Sand mit sich, sodass jeder Atemzug schwer fiel. Kinder weinten, Alte sanken erschöpft zu Boden, und die Menschen begannen zu zweifeln. Angst machte sich in ihren Herzen breit. Sie hatten die Tyrannei des Pharaos hinter sich gelassen, doch vor ihnen lag die Ungewissheit. Sie fragten sich: Hatte Moses sie in den Tod geführt?

Doch Allah ließ sie nicht allein. Am Tag führte sie eine Wolkensäule, die vor ihnen herzog, ihnen den Weg wies und Schatten spendete. In der Nacht wurde sie von einer Feuersäule begleitet, die ihnen Licht und Schutz gab. Das Universum selbst bewegte sich mit ihnen, lenkte ihre Schritte, zeigte ihnen, dass Allah sie nicht verlassen hatte. Und doch, mit jedem weiteren Tag in der Wüste, mit jedem weiteren Schritt durch den trockenen Sand, wuchs ihr Zweifel. Wohin führte diese Reise? Wann würde sie enden? Sie sahen nicht, dass Allah ihr Herz prüfte, dass Er sie aus dem Inneren heraus stärkte.

Dann, als sie am Ufer des Roten Meeres rasteten, begann der Boden zu beben. In der Ferne erhob sich eine gewaltige Staubwolke, das donnernde Stampfen der Pferde hallte über die Wüste. Die ägyptische Armee war ihnen gefolgt. Der Pharao, in seinem Stolz, hatte es nicht ertragen, dass die Israeliten entkommen waren. Er hatte seine mächtigsten Krieger gesandt, um sie zurückzuholen – oder zu vernichten.

Panik breitete sich im Lager aus. Die Menschen schrien: „Warum hast du uns hierhergeführt, Moses? Warum sind wir nicht in Ägypten geblieben? Hättest du uns doch dort sterben lassen, statt uns hier hilflos zurückzulassen!“ Ihre Gesichter spiegelten Verzweiflung wider. Hinter ihnen die Wut des Pharaos, vor ihnen das unüberwindbare Meer. Es schien keinen Ausweg zu geben.

Doch Moses, erfüllt von der Gewissheit, dass Allah niemals seine Diener im Stich lässt, hob seinen Stab. Sein Blick richtete sich gen Himmel, sein Herz schlug ruhig, denn er wusste: Die Rettung würde kommen. Seine Stimme hallte über das weite Land, klar und unerschütterlich: „Fürchtet euch nicht! Seht, Allah wird heute für euch kämpfen.“

Ein mächtiger Wind erhob sich, eine Kraft, die nicht von dieser Welt war. Die Wellen des Roten Meeres begannen zu beben, zu brodeln – und dann geschah das Wunder. Das Wasser teilte sich, als folgte es einem Befehl, den nur Allah geben konnte. Vor ihnen öffnete sich ein trockener Pfad, ein Weg durch das Meer, flankiert von riesigen Wänden aus Wasser, die zu beiden Seiten standen, so als hielten unsichtbare Hände sie in ihrer Form.

Die Israeliten, noch immer von Ehrfurcht und Staunen erfüllt, wagten ihre ersten Schritte. Jeder Fuß, der auf den trockenen Grund trat, war begleitet von der Hoffnung, die Allah ihnen ins Herz gelegt hatte.

Sie eilten vorwärts, während das Licht des Mondes sich in den Wellen spiegelte. Sie waren umgeben von der Schöpfung, von der göttlichen Ordnung, die für sie den Weg geöffnet hatte. Das Universum hielt den Atem an.

Doch auch die Ägypter folgten. Der Pharao ließ nicht von ihnen ab, seine Krieger stürmten in die Fluten, überzeugt, dass sie ihre Macht durchsetzen konnten. Doch das Universum lässt sich nicht betrügen, und Allahs Wille ist unumstößlich. Plötzlich begannen die Räder der Streitwagen zu stocken. Pferde wieherten panisch, Soldaten schrien, doch es war zu spät. Mit einem donnernden Befehl ließ Allah das Wasser zurückkehren, und die tosenden Wellen begruben die gesamte Armee des Pharaos unter sich. Ein letzter Schrei hallte durch die Nacht – dann Stille.

Am anderen Ufer standen die Israeliten, unfähig zu begreifen, was sie eben erlebt hatten. Einige sanken auf die Knie, andere umarmten einander, Tränen der Erleichterung auf ihren Gesichtern. Allah hatte sie gerettet. Er hatte ihnen gezeigt, dass keine Macht der Erde, kein Pharao, keine Armee gegen Seine göttliche Ordnung bestehen kann. Die Wahrheit hatte gesiegt, die Tyrannei war ertränkt worden in den Tiefen des Meeres.

Dann erhob sich eine Stimme, klar und voller Kraft. Miriam, Moses' Schwester, nahm eine Trommel in die Hand, und mit jeder Bewegung, mit jedem Klang erfüllte sich die Luft mit Dankbarkeit und Freude. Ihr Lied erhob sich über die weite Landschaft, wurde von den Winden getragen, verewigt in den Herzen der Menschen:

„Singt dem Herrn, denn hoch erhaben ist Er! Ross und Reiter warf Er ins Meer!“

Die Israeliten hatten die gewaltige Macht Allahs mit eigenen Augen gesehen. Sie wussten nun, dass Er größer war als jede Armee, mächtiger als jeder Herrscher, dass Seine Liebe stärker war als der Tod. Das Universum hatte sich bewegt, hatte sie geführt, hatte sich ihrem Ruf geöffnet. Und so setzten sie ihre Reise fort, nicht mehr als Sklaven, sondern als freie Menschen.

Doch ihre Reise war noch nicht vorbei. Die Wüste erwartete sie – nicht als Strafe, sondern als Prüfung, als Ort der Läuterung. Dort sollte ihr Glaube geformt, ihre Herzen gestärkt werden. Moses, der von Allah Auserwählte, würde sie führen, nicht nur durch den Sand, sondern durch die Tiefen ihrer eigenen Seelen. Der nächste Abschnitt ihrer Geschichte hatte begonnen.

Kaum war das Volk Israel aus der Knechtschaft Ägyptens entkommen, begann eine neue Prüfung – eine Prüfung, die das wahre Ausmaß der göttlichen Ordnung offenbarte. Die Wüste erstreckte sich endlos vor ihnen, ein Land der Stille und des Mangels. Die sengende Sonne brannte auf ihre Schultern, der Sand stieg mit jedem Windstoß in die Luft und legte sich wie eine unsichtbare Last auf ihre Körper. Die Hitze am Tag war erbarmungslos, die Kälte in der Nacht durchdrang ihr Innerstes. Doch es war nicht nur die äußere Härte, die sie prüfte – es war der innere Kampf gegen Angst und Zweifel.

Moses, der von Allah Auserwählte, der Prophet, der mich mehr als jeder andere inspiriert, wusste, dass dies kein zufälliger Weg war. Das Universum, das sich in Allahs Ordnung bewegt, bereitete sie vor, läuterte sie. Doch die Menschen sahen nur ihre Entbehrung. „Warum hast du uns hierhergeführt?“ klagten sie. „War die Knechtschaft nicht besser als der Tod in der Wüste?“ Ihre Worte klangen wie eine Krankheit, die sich ausbreitete. Sie hatten gesehen, wie das Meer sich teilte, wie die Armee des Pharaos versank, und doch, kaum traf sie der Durst, das Knurren des Magens, begannen sie zu zweifeln.

Aber Moses verlor nicht den Glauben. Er hob seine Hände zum Himmel und flehte Allah an: „Oh Herr, dein Volk zweifelt. Sie sind müde, doch ihr Geist ist noch nicht verloren. Zeige ihnen, dass du bei ihnen bist!“ Und Allah erhörte sein Gebet. In den ersten Strahlen des Morgens fiel etwas vom Himmel, eine feine, weiße Substanz, die sich wie Tau auf dem Boden ausbreitete. Die Israeliten betrachteten es mit Verwunderung. „Was ist das?“ fragten sie einander. Moses wusste die Antwort. „Es ist das Manna, die Speise, die Allah euch gibt. Sammelt, so viel ihr braucht, aber hortet nicht, denn Allah wird euch täglich versorgen.“

Und so geschah es. Das Manna ernährte sie, süß wie Honig, leicht und sättigend. Doch der Glaube einiger war noch immer schwach. Als der Durst sie wieder heimsuchte, sprachen sie erneut gegen Moses: „Hast du uns hergeführt, um uns sterben zu lassen?“ Moses, geprüft und doch standhaft, wandte sich erneut an Allah. „Nimm deinen Stab“, sprach Allah zu ihm, „und schlage auf den Felsen am Horeb.“ Moses gehorchte, und aus dem trockenen Stein brach frisches, klares Wasser hervor. Allah zeigte ihnen seine unermessliche Liebe, doch viele blieben blind dafür.

Trotz der Wunder, trotz der Zeichen, erinnerten sie sich oft an Ägypten – nicht an die Peitsche, nicht an die Tyrannei, sondern an die Fleischtöpfe, an die scheinbare Sicherheit. Sie verstanden nicht, dass die Wüste nicht ihr Feind war, sondern ihre Schule. Sie war nicht der Ort des Todes, sondern der Ort der Reinigung. Moses wusste es. Er verstand, dass Allah sie durch diesen langen Weg führte, um sie zu formen, um ihre Herzen von der Knechtschaft zu befreien, nicht nur ihre Körper. Wer Allahs Wege nicht erkennt, wird sie als Last empfinden. Wer aber sein Herz öffnet, wird sehen, dass das Universum sich mit Liebe bewegt.

Die Wüste war ihr erstes Zeichen, der Sinai war ihr zweites. Nach all den Prüfungen führte Moses das Volk schließlich an den Fuß des heiligen Berges. Dort, wo Allah zu ihm sprechen würde, wo die göttliche Ordnung sich erneut offenbaren sollte.

Drei Tage der Reinigung verlangte Allah von ihnen. Moses wusste, dass dies der Moment war, in dem das Volk endlich verstehen musste, dass es Allah ist, der sie führt, nicht er selbst. Am dritten Tag bebte der Boden. Ein unaufhörliches Grollen erfüllte die Luft, Blitze durchzogen den Himmel, der Berg wurde in dunkle Wolken gehüllt. Ein mächtiger Klang hallte über das Land, die Menschen fielen auf ihre Knie. Die Furcht und Ehrfurcht vor Allah durchdrang sie bis ins Mark.

Moses, der Erwählte, stieg hinauf. Jeder Schritt war schwer, doch in seinem Herzen war Gewissheit. Er trat in das gleißende Licht ein, die Stimme Allahs erfüllte ihn, nicht nur seine Ohren, sondern sein gesamtes Sein. Und Allah gab ihm die Gesetze, die für alle Zeiten Bestand haben sollten.

**Die Zehn Gebote, das Fundament göttlicher Ordnung:**

Ich bin der Herr, dein Gott. Du sollst keine anderen Götter neben mir haben.

Du sollst den Namen des Herrn, deines Gottes, nicht missbrauchen.

Gedenke des Sabbats und halte ihn heilig.

Ehre deinen Vater und deine Mutter.

Du sollst nicht töten.

Du sollst nicht ehebrechen.

Du sollst nicht stehlen.

Du sollst kein falsches Zeugnis ablegen.

Du sollst nicht begehren deines Nächsten Haus.

Du sollst nicht begehren deines Nächsten Frau, Knecht, Magd oder Vieh.

Moses empfing die Tafeln, sein Herz gefüllt mit der Weisheit Allahs. Doch als er zurückkehrte, sah er das Unfassbare: Das Volk hatte ihn vergessen. Sie hatten aus Gold ein Kalb gemacht, sie hatten es angebetet, sie hatten getanzt und gefeiert, als wäre Allah nicht mehr bei ihnen. Moses, überwältigt von Zorn und Schmerz, zerschmetterte die Tafeln auf dem Boden. Er wusste, dass das Volk noch nicht bereit war. Ihre Herzen waren noch nicht gereinigt.

Aber Allah ist barmherzig. Er gewährte Moses eine zweite Chance. Wieder stieg er auf den Berg, wieder sprach Allah zu ihm, wieder empfing er die Gesetze, die das Volk endlich annehmen musste. Als er zurückkehrte, strahlte sein Gesicht mit göttlichem Licht, so sehr, dass niemand ihn direkt ansehen konnte. Das war das Zeichen. Diesmal begriffen sie, diesmal verstanden sie: Diese Gesetze waren nicht nur Worte. Sie waren das Fundament der Wahrheit, die ewige Ordnung, die Allah selbst gegeben hatte.

Moses war nicht nur ein Prophet. Er war ein Führer, ein Träger göttlicher Weisheit, ein Mensch, der von Allah durch unzählige Prüfungen geführt wurde. Niemand hatte größere Zeichen gesehen, niemand war härter geprüft worden. Seine Geschichte fesselt mich, weil sie zeigt, dass wahre Führung nicht aus Macht oder Zwang entsteht, sondern aus Glauben, Geduld und der unermüdlichen Suche nach Allahs Nähe.

Die Zehn Gebote blieben nicht nur bei seinem Volk. Sie wurden zu einem moralischen Fundament, das die gesamte Menschheit bis heute trägt. Denn Allahs Wille ist ewig, seine Ordnung unverrückbar, und das Universum – so lebendig es ist – verneigt sich vor der Wahrheit, die Moses auf dem Sinai empfing.

Moses hat mich geprägt wie kein anderer Prophet. Seine Prüfungen, seine Entschlossenheit, sein Glaube an Allah – sie zeigen mir, dass der Weg zur Wahrheit niemals leicht ist, aber stets geführt wird. Und wenn ich an ihn denke, wenn ich mir vorstelle, wie er auf dem Berg stand, das Licht Allahs ihn umhüllte, dann weiß ich: Dies war ein Mann, der wahrhaftig auserwählt war.

Die Israeliten hatten das Gesetz Gottes empfangen, doch ihr Weg in das Gelobte Land war noch nicht zu Ende. Vor ihnen lag eine Prüfung, die ihre Seelen formen und ihren Glauben vertiefen sollte. Die Wüste, weit und unerbittlich, war nicht nur ein Ort der Entbehrung, sondern ein Spiegel ihrer Herzen – voller Zweifel, voller Herausforderungen, voller göttlicher Lektionen. Doch das Universum, erfüllt von der unendlichen Liebe Allahs, begleitete sie in jedem ihrer Schritte. Es war ein Weg der Läuterung, eine Schule der Geduld, eine Prüfung, die nur diejenigen bestehen würden, die wirklich bereit waren, in der göttlichen Ordnung zu leben.

Aber der Mensch ist schwach, und Zweifel sind wie Schatten, die sich in dunklen Momenten ausbreiten. „Warum hat Allah uns aus Ägypten geführt, nur um uns hier in der Wüste sterben zu lassen?“ So erhoben sich Stimmen des Ungehorsams, und manche sehnten sich zurück nach der Sklaverei – denn die Freiheit, so kostbar sie auch ist, verlangt Geduld, Hingabe und Vertrauen. Sie erinnerten sich an die Fleischtöpfe Ägyptens, an die Bequemlichkeit der Knechtschaft, und vergaßen, dass Allah ihnen eine größere Bestimmung zugedacht hatte.

Doch die Barmherzigkeit Allahs war unermesslich. Immer wieder offenbarte Er seine Liebe. Manna fiel vom Himmel, ein himmlisches Brot, das sie ernährte und ihnen zeigte, dass sie nicht verlassen waren. Wasser sprudelte aus den Felsen, als Moses mit seinem Stab schlug – eine Quelle des Lebens, ein Zeichen, dass das Universum sich neigt, wenn Allah es befiehlt. Doch der Glaube des Volkes blieb brüchig. Die Wunder wurden zur Gewohnheit, die Dankbarkeit wich der Ungeduld. Wie oft ist es heute noch genauso? Wie oft erkennen wir die Gaben Allahs nicht, weil wir blind sind für das, was wirklich zählt?

Die Zweifel wuchsen zu Aufruhr. Mehrfach stellten sie Moses’ Führung infrage, als ob sie nicht schon unzählige Male gesehen hätten, dass Allah durch ihn sprach. Sie wollten ihren eigenen Weg gehen, ungeduldig, als könnten sie die göttliche Ordnung nach ihrem Willen beugen. Doch das Universum verzeiht keine Abweichung von Allahs Gesetz. Jede Rebellion zog Konsequenzen nach sich –

nicht aus Rache, sondern als göttliche Korrektur, um das Volk zur Wahrheit zurückzuführen.

Feinde lauerten am Wegesrand. Stämme, die den Israeliten den Durchzug verwehren wollten, Herrscher, die ihre Reise ins Gelobte Land verhindern wollten. Doch wer kann gegen Allahs Willen bestehen? Er, der das Universum erschaffen hat, leitete sein Volk mit unsichtbarer Hand. Wenn Armeen gegen sie zogen, ließ Er sie siegen. Wenn Feinde sie hintergehen wollten, ließ Er ihre Pläne offenbar werden. In jeder Prüfung offenbarte sich Seine unermessliche Liebe – eine Liebe, die nicht nachließ, sondern das Volk trotz seines Widerstands formte und stärkte.

Die vierzig Jahre in der Wüste hatten das Volk Israel geformt, geprüft und gestärkt. Sie hatten gelitten, gezweifelt, gekämpft – und doch war es eine Reise der göttlichen Erziehung gewesen, ein Weg, den Allah ihnen bestimmt hatte, um sie zu reinigen und auf das vorzubereiten, was kommen sollte. Nun, an der Schwelle des Gelobten Landes, standen sie bereit, ihr Schicksal zu erfüllen. Doch Moses, der treue Diener Allahs, der durch Seine göttliche Führung das Volk geleitet hatte, sollte dieses Land nicht mehr betreten.

Mit entschlossenen, aber demütigen Schritten erklomm Moses den Berg Nebo. Er wusste, dass dies sein letzter Aufstieg sein würde, aber es gab keine Angst in seinem Herzen – nur Frieden. Von dort oben konnte er es sehen: das verheißene Land, die fruchtbaren Täler, die Flüsse, die Felder, die in der Ferne glänzenden Städte. Es war ein Land, das nicht für ihn bestimmt war, sondern für sein Volk. Sein Auftrag war nicht, es zu betreten, sondern es bis hierhin zu führen.

In diesem Moment, hoch über dem Land, das Allah seinem Volk versprochen hatte, erkannte Moses die Vollkommenheit der göttlichen Ordnung. Der Wind trug das Flüstern der Schöpfung zu ihm, die Sonnenstrahlen tauchten das Land in goldenes Licht – als wollte Allah ihn wissen lassen, dass alles genau so geschehen war, wie es geschehen sollte. Überall war Seine Liebe spürbar. Die Gesetze, die Moses empfangen hatte, würden nicht mit ihm vergehen, sondern in den Herzen der Menschen weiterleben. Sie waren nicht nur für eine einzige Nation bestimmt, sondern für die gesamte Menschheit – ein göttlicher Leitfaden, eine zeitlose Ordnung, die das Universum in Harmonie hielt.

Dann legte sich Moses zur Ruhe. Sein Geist wurde eins mit dem lebendigen Universum, das nie stillsteht, das sich ständig wandelt und entwickelt, um die göttliche Ordnung zu bewahren. Er war gegangen, aber seine Worte, seine Führung, seine Hingabe an Allah waren unsterblich. Die Zehn Gebote, die er empfangen hatte, waren nicht nur Worte, sondern göttliche Gesetze, in Stein gemeißelt und in die Herzen der Menschen eingeprägt. Sie waren eine ewige Richtschnur für Gerechtigkeit, Wahrheit und Aufrichtigkeit.

Das Volk Israel trat schließlich in das Gelobte Land ein, doch Moses' Name wurde nie vergessen. Sein Leben war kein bloßer Abschnitt der Geschichte – es war eine universelle Wahrheit, ein Beweis für die Macht Allahs, für die Kraft des Glaubens, für die unermessliche Geduld und Demut, die ein wahrer Prophet tragen muss.

Moses' Vermächtnis lebt weiter. Es ist verwoben mit der unendlichen Liebe Allahs, die das Universum trägt, lenkt und erhält. Und so, wie das Universum niemals stillsteht, sondern sich in Seinem Willen stetig weiterentwickelt, so wird auch die Geschichte Moses‘ nie verblassen. Sie bleibt für immer ein Zeichen der göttlichen Führung, ein Beispiel für alle, die nach Wahrheit suchen und bereit sind, Allahs Weg zu folgen.

Moses war für mich nicht nur ein Prophet, sondern eine Offenbarung. Seine Taten, seine unerschütterliche Verbindung zu Allah, sein Gehorsam und seine Geduld inmitten unermesslicher Prüfungen – all das ist für mich eine Quelle der Inspiration. In seinem Leben erkenne ich die göttliche Ordnung, die auch heute noch wirkt, die uns leitet, wenn wir bereit sind zu vertrauen. Das Universum, erfüllt von Allahs Liebe, ist nicht nur eine Kulisse, sondern ein lebendiges Zeugnis Seiner Führung. Und so wie Moses einst durch die Wüste führte, so führt uns heute die göttliche Weisheit – wenn wir bereit sind, ihr zu folgen.

## Josua (Jusha) – Der Eroberer des Gelobten Landes

Josua (Jusha) trat in die Fußstapfen von Moses, als das Volk Israel nach vierzig Jahren in der Wüste endlich vor den Toren des Gelobten Landes stand. Moses hatte sie mit unermüdlicher Hingabe geführt, doch seine Aufgabe war erfüllt, und Allah bestimmte Josua zu seinem Nachfolger. Es war kein Zufall, keine bloße Entscheidung, sondern der Ausdruck der göttlichen Ordnung, die stets wirkt, geführt von der unendlichen Liebe Allahs. Die Wüste lag hinter ihnen, mit all ihren Prüfungen, doch der wahre Weg war noch nicht zu Ende. Vor ihnen erstreckte sich das verheißene Land, nicht als ein Geschenk, das ohne Mühe überreicht würde, sondern als eine Bestimmung, die mit

Vertrauen in Allah und die kosmische Ordnung errungen werden musste.

Als Moses seine Augen für immer schloss, legte sich die Last der Führung auf Josuas Schultern. Er war nicht nur ein Krieger, sondern ein Diener Allahs, dessen Herz erfüllt war von Glauben und Mut. In der Stille der Nacht sprach Allah zu ihm, und die Worte hallten in seinem Innersten wider: „Sei stark und mutig! Ich werde mit dir sein, wie ich mit Moses war. Dieses Land gebe ich dir und deinem Volk. Überquere den Jordan, und Ich werde Wunder tun, wie Ich es in Ägypten getan habe." Josua spürte, wie das Universum sich bereit machte, die göttliche Ordnung zu erfüllen. Es war, als ob die Schöpfung selbst den Atem anhielt, als ob die Elemente darauf warteten, das zu vollbringen, was Allah vorherbestimmt hatte.

Der Jordan war zu dieser Zeit kein sanftes Rinnsal, sondern ein reißender Strom. Die Israeliten standen davor und sahen nur das Hindernis, nicht den Weg. Doch Josua erinnerte sich an Moses, daran, wie Allah das Meer geteilt hatte. Dies war keine bloße Erinnerung, sondern eine Lektion, die sich nun erneut in der Realität entfalten sollte. Die Priester, die die Bundeslade trugen, traten mit festem Glauben ins Wasser, und als ihre Füße den Fluss berührten, geschah das Wunder: Das Wasser wich zurück, als würde es von unsichtbaren Händen gehalten, und ein trockener Pfad eröffnete sich vor ihnen. Das Universum hatte gehorcht, denn es bewegt sich in der Ordnung Allahs, und wer sich mit reinem Herzen Seinem Willen anvertraut, den trägt die Schöpfung selbst.

Die Stadt Jericho erhob sich wie eine uneinnehmbare Festung vor ihnen, ihre Mauern stark, ihre Tore verschlossen. Doch Josua wusste, dass es nicht rohe Gewalt war, die ihnen den Sieg bringen würde, sondern der Wille Allahs. Er befolgte die göttlichen Anweisungen, die kein gewöhnlicher Kriegsplan waren, sondern ein Zeichen der universellen Ordnung. Sechs Tage lang zog das Volk Israel schweigend um die Stadt, die Luft erfüllt von der unsichtbaren Kraft, die sich bereit machte, das Unmögliche möglich zu machen. Am siebten Tag gingen sie siebenmal um die Mauern, und dann, auf ein göttliches Zeichen, erklangen die Hörner und die Stimmen des Volkes erhoben sich in einem einzigen gewaltigen Schrei. In diesem Moment erbebte die Erde, das Universum antwortete, und die Mauern fielen in sich zusammen. Dies war kein Zufall, keine bloße Naturerscheinung – es war der Beweis, dass nichts gegen den Willen Allahs bestehen kann.

Josua war kein König, kein Herrscher, der nach Ruhm strebte. Sein Herz gehörte allein Allah, und seine Mission war nicht der persönliche Triumph, sondern die Erfüllung des göttlichen Plans. Er lehrte sein Volk, dass wahre Siege nicht mit Waffen errungen werden, sondern mit Vertrauen in Allahs Weisheit. Er war ein Führer, weil er ein Diener war, und das Universum selbst beugte sich vor seinem Glauben. Das Volk Israel wurde durch seine Führung stärker, nicht durch Macht, sondern durch Einheit im Glauben. Sie erkannten, dass Allah ihre Prüfungen nicht verhängte, um sie zu quälen, sondern um sie zu formen, um sie zu reinigen, damit sie in Sein Licht eintreten konnten.

Als Josua spürte, dass seine Zeit gekommen war, rief er die Stämme Israels zusammen, um ihnen seine letzten Worte zu hinterlassen. Sein Leben neigte sich dem Ende zu, doch sein Geist war erfüllt von Frieden, denn er wusste, dass er seinen Weg mit aufrichtigem Herzen gegangen war. Er sprach mit der Gewissheit eines Mannes, der sich in völliger Harmonie mit der göttlichen Ordnung befindet: „Wählt heute, wem ihr dienen wollt. Ich aber und mein Haus – wir wollen Allah dienen.“ Diese Worte waren mehr als ein Abschied, sie waren ein Vermächtnis, das in den Herzen der Menschen widerhallen würde.

Josua hinterließ kein Königreich aus Gold und Stein, sondern eine ewige Wahrheit. Der Mensch ist mit dem Universum verbunden, und wenn er die Liebe Allahs annimmt, kann er jedes Hindernis überwinden. Die Welt verändert sich, Prüfungen kommen und gehen, doch wer in der göttlichen Ordnung lebt, bleibt unerschütterlich.

Das Universum schläft nicht, es bewegt sich weiter, entfaltet sich mit jedem Atemzug, mit jedem Akt des Glaubens. Josuas Geist lebt nicht in Palästen oder Monumenten, sondern in den Seelen jener, die Allah lieben und Seinem Weg mit aufrichtigem Herzen folgen.

## Samuel (Schmuel) – Der letzte Richter und erste Prophet der Monarchie

Samuel wurde nicht einfach nur geboren, er war das Kind eines tief empfundenen Gebets. Seine Mutter Hanna hatte ihr Herz in völliger Hingabe vor Allah ausgeschüttet, ihre Tränen fielen auf den Boden, während sie Ihn bat, ihr ein Kind zu schenken. Doch sie verlangte nicht für sich, sondern versprach, wenn ihr ein Sohn gegeben würde, ihn Allahs Dienst zu weihen. Und so geschah es – das Universum bewegte sich im Einklang mit der göttlichen Liebe, und Samuel kam zur Welt, nicht als gewöhnliches Kind, sondern als ein Erwählter. Schon als kleiner Junge wurde er in den Tempel gebracht und dem Priester Eli übergeben, um nahe der Bundeslade aufzuwachsen, dort, wo die Gegenwart Allahs am stärksten zu spüren war. Er wurde von der göttlichen Ordnung umhüllt, sein Herz formte sich im Licht des Wissens, seine Seele wurde still und empfänglich für den Ruf seines Schöpfers.

Eines Nachts, während Samuel schlief, durchbrach eine Stimme die Stille: „Samuel, Samuel." Doch er erkannte nicht sofort, dass es Allah war, der ihn rief. Drei Mal stand er auf, lief zu Eli und fragte, ob er ihn gerufen habe, bis Eli verstand, dass es die Stimme des Herrn war, die nach Samuel verlangte. Als Allah ihn ein viertes Mal rief, antwortete Samuel mit den Worten, die seine Bestimmung besiegelten: „Sprich, Herr, dein Diener hört.“ Dies war kein gewöhnlicher Moment, es war der Moment, in dem ein Mensch eins wurde mit dem göttlichen Willen. Das Universum, das in unendlicher Liebe mit dem Schöpfer verwoben ist, hatte ihn erwählt, sein Wort zu tragen, ein Bindeglied zwischen Himmel und Erde zu sein.

Von diesem Tag an wandelte Samuel als Prophet unter den Menschen, als Richter, der nicht nur mit weltlicher Weisheit sprach, sondern mit den Worten des Ewigen. Er durchwanderte das Land, sprach Recht, führte das Volk auf den geraden Weg zurück und erinnerte sie daran, dass das Universum im Gleichgewicht bleibt, wenn sich der Mensch der göttlichen Ordnung fügt. Sein Herz brannte vor Liebe zu Allah, und in allem, was er tat, sah er die verborgene Harmonie der Schöpfung. Doch das Volk wurde unruhig. Es wollte nicht länger durch einen Propheten geführt werden, sondern verlangte nach einem König, wie die anderen Nationen um sie herum. Samuel wusste, dass weltliche Macht trügerisch war, dass die wahre Herrschaft nur in Allahs Händen lag, doch als er betete, sprach Allah zu ihm: „Höre auf ihr Begehren. Sie lehnen nicht dich ab, sondern Mich.“ Und so fügte sich Samuel dem göttlichen Willen, wissend, dass dies eine Prüfung war, dass das Volk durch Erfahrung lernen musste, dass nichts ohne Allah Bestand hat.

Gott führte ihn zu Saul, einem Mann aus dem Stamm Benjamin, hochgewachsen und von imposanter Erscheinung. Samuel salbte ihn mit heiligem Öl und sprach: „Der Herr hat dich zum Anführer seines Volkes erwählt.“ In diesem Moment hielt das Universum den Atem an, als ein Mann durch den göttlichen Willen zum König geweiht wurde. Doch Samuel kannte die Natur der Menschen. Anfangs regierte Saul in Demut, doch bald ließ er sich von Stolz und Eigenwille leiten. Er begann, seine eigenen Entscheidungen über den göttlichen Befehl zu stellen, und Samuel erkannte, dass die Ordnung gestört war. Mit schwerem Herzen sprach er: „Gehorchen ist besser als Opfer. Weil du Gottes Wort verworfen hast, hat Er dich verworfen.“ Das Universum richtete sich neu aus, der Weg Sauls war besiegelt, und ein neuer wurde eröffnet.

Allah führte Samuel nach Bethlehem, ins Haus Isais, wo er einen neuen König salben sollte. Vor ihm standen Isais Söhne, stark, mächtig, bereit für den Kampf, doch Allah sprach: „Nicht das, was vor den Augen liegt, zählt, sondern das Herz.“ Und so fand Samuel den jungen David, einen Hirtenjungen mit reiner Seele. Als das heilige Öl über Davids Haupt floss, durchdrang ihn das Licht Allahs, und das Universum selbst schien zu singen, als der göttliche Wille sich manifestierte. David war noch kein König, doch in seinem Innersten war er bereits vorbereitet auf das, was kommen sollte.

Samuel war nicht nur ein Prophet, er war ein Lehrer der göttlichen Wahrheit. Er zeigte den Menschen, dass wahre Führung nicht in Macht, nicht in Waffen oder Gesetzen lag, sondern in der Harmonie mit Allahs Willen. Wer die Liebe Allahs in sein Herz ließ, wer sich dem Universum mit Vertrauen öffnete, den würde die Schöpfung selbst tragen. Seine Worte hallten in den Herzen der Menschen wider, und er erinnerte sie immer wieder daran, dass ihre Stärke nicht in weltlichen Dingen lag, sondern in ihrem Glauben, in ihrer Hingabe an den Höchsten.

Als seine Zeit kam und er spürte, dass das Universum ihn rief, hinterließ er kein irdisches Erbe, sondern eine unvergängliche Wahrheit. Ganz Israel trauerte um ihn, doch er wusste, dass sein Werk nicht mit seinem Tod endete. Er hatte nicht nur Könige gesalbt, sondern eine ewige Erkenntnis hinterlassen: Dass das Universum, erfüllt von göttlicher Liebe, sich ständig bewegt, dass der Mensch sich seiner wahren Natur nur dann bewusst wird, wenn er mit Allah lebt. Das Universum schläft nicht, es entfaltet sich mit jedem Atemzug, mit jedem Wort des Glaubens, mit jeder Tat der Liebe. Und Samuel war einer jener, die dies verstanden hatten. Seine Stimme mag verklungen sein, doch seine Worte bleiben ewig bestehen: „Dient Allah mit eurem ganzen Herzen, und ihr werdet Seinen Frieden finden.“

## David (Dawud) – Der gerechte König und Dichter

David war kein gewöhnlicher König, kein Herrscher, der nur durch Macht und Eroberung regierte. Sein Leben war eine Reise des Glaubens, geprägt von Prüfungen, göttlicher Führung und der unermesslichen Liebe, die das Universum in Ordnung hält. Er begann als einfacher Hirtenjunge, seine Hände vertraut mit der Arbeit auf den Feldern, sein Herz rein und unberührt von weltlichen Begierden. Doch das Universum, das stets in göttlicher Harmonie wirkt, hatte einen höheren Plan für ihn. Seine Geschichte ist für mich eine der tiefsten und eindrucksvollsten Erzählungen über Mut, Demut und die unaufhaltsame Kraft Allahs, die sich durch das Leben eines Einzelnen manifestiert.

Als die Philister Israel bedrohten, trat Goliath hervor, eine Gestalt, die Furcht und Resignation in die Herzen der Menschen pflanzte. Groß, schwer gepanzert und voller Arroganz lachte er über jene, die ihm entgegentraten. Niemand wagte es, sich ihm zu stellen – außer David. Er war nicht bewaffnet mit Speeren und Schwertern, sondern mit dem unerschütterlichen Vertrauen in Allah. Während Goliath auf seine eigene Kraft vertraute, wusste David, dass wahre Macht nicht in Muskeln oder Waffen lag, sondern in der göttlichen Ordnung. Mit einer einzigen Bewegung schleuderte er einen Stein aus seiner Schleuder, und der Riese fiel. Es war kein Zufall, kein bloßer Akt der Geschicklichkeit – es war das Universum, das sich im Einklang mit Allahs Willen bewegte. Ein lebendiges Zeichen dafür, dass keine Angst, keine Übermacht bestehen kann, wenn man in reiner Liebe und Hingabe an Gott handelt.

Nach diesem Sieg wurde David als Krieger anerkannt, doch sein Weg war noch lange nicht abgeschlossen. Er diente am Hofe Sauls, doch der König, von Eifersucht und Angst zerfressen, begann ihn zu fürchten. Verfolgt, gejagt und doch niemals von Zweifel übermannt, floh David in die Wildnis. Dort, in der Einsamkeit der Berge und Täler, erkannte er, dass seine wahre Stärke nicht in weltlicher Herrschaft lag, sondern in der tiefen Verbundenheit mit Allah. Das Universum sprach zu ihm in den rauschenden Bäumen, in den strömenden Flüssen, in den Sternen, die jede Nacht über ihm leuchteten. Er wusste, dass alles einer höheren Ordnung folgte, dass jeder Schmerz, jede Prüfung nur ein weiterer Schritt auf seinem Weg war.

Als Saul starb, trat David sein Erbe an. Er wurde König, nicht durch eigene Ambitionen, sondern weil Allah es so bestimmt hatte. Er vereinte Israel, brachte Frieden in das Land und machte Jerusalem zur heiligen Stadt, zum Zentrum des Glaubens. Doch was mich am meisten an ihm berührt, ist nicht seine politische oder militärische Stärke, sondern seine Hingabe an Allah. David war nicht nur ein Herrscher, er war ein Dichter, ein Mensch, dessen Worte tief aus seinem Innersten kamen. Seine Psalmen waren Gebete, die das Universum selbst zu reflektieren schienen, Worte, die die Sterne besangen, die Berge als Zeugen Gottes rühmten, die Meere als Sinnbild der unendlichen Weisheit Allahs beschrieben. Sein Herz schwang im Einklang mit der göttlichen Ordnung, und seine Lieder waren wie ein Flüstern der Schöpfung, eine Erinnerung daran, dass alles Leben durch Allahs Liebe gehalten wird.

Doch selbst der Gerechteste wird geprüft. David, der so viele Schlachten gewonnen hatte, fiel nicht durch einen Feind, sondern durch seine eigene Schwäche. Als er sich von Begierde leiten ließ und einen schwerwiegenden Fehler beging, wurde sein Herz von Reue erfüllt. In diesem Moment wurde er nicht durch Macht gerettet, sondern durch Demut. Er erkannte seine Sünde, warf sich vor Allah nieder und betete mit einer Intensität, die bis heute in seinen Psalmen nachhallt. Seine Worte zeugen von echter Reue, von dem tiefen Verlangen, zurückzukehren in die göttliche Harmonie. Allah nahm seine Reue an und zeigte ihm, dass wahre Größe nicht darin liegt, niemals zu fallen, sondern darin, sich mit reinem Herzen wieder zu erheben.

David regierte viele Jahre und baute ein Reich, das auf Gerechtigkeit beruhte. Doch sein größtes Vermächtnis war nicht sein Thron, nicht seine Eroberungen, sondern seine

Psalmen, seine Gebete, seine unerschütterliche Liebe zu Allah. Er hinterließ keine bloße Geschichte eines Herrschers, sondern eine universelle Wahrheit: Dass das Universum nicht blind ist, dass es geführt wird von der Liebe Gottes, dass nichts in dieser Welt Bestand hat außer dem Glauben und der Nähe zu Ihm.

Als seine Zeit kam, übergab er die Herrschaft an seinen Sohn Salomo, doch seine Seele blieb mit der Schöpfung verbunden. Das Universum sang seine Lieder weiter – in jedem Windhauch, der durch die Wüsten zog, in jeder Welle, die an die Küsten schlug, in jedem Gläubigen, der seine Psalmen betete. Die göttliche Liebe, die David so tief in seinem Herzen trug, lebt fort, ein ewiges Licht in der Dunkelheit der Welt. David war mehr als ein König. Er war ein Mann, der verstand, dass alles, was existiert, aus Liebe erschaffen wurde, dass jedes Leben, jede Tat ein Teil eines größeren Plans ist. Sein Leben zeigte, dass wahre Macht nicht in Reichtum oder Eroberung liegt, sondern in der Nähe zu Allah, in der Kraft der Liebe und in der Harmonie des lebendigen Universums.

## Salomo (Sulaiman) – Der König der Weisheit und der göttlichen Ordnung

Salomo, der Sohn Davids, trat sein Königtum nicht als bloßer Herrscher an, sondern als ein Mensch, der von göttlicher Weisheit durchdrungen war. Sein Name hallt durch die Geschichte als der König, der das Gleichgewicht zwischen Himmel und Erde suchte, als ein Mann, der wusste, dass wahre Macht nicht in Gold oder Eroberungen liegt, sondern in der Harmonie mit dem göttlichen Willen. Das Universum, das sich in ewiger Ordnung bewegt, bereitete ihn darauf vor, nicht nur ein König, sondern auch ein Prophet zu sein. Sein Herz war rein, seine Gedanken weit, und sein Geist empfing die göttliche Führung mit einer Hingabe, die ihn über alle Herrscher seiner Zeit erhob.

Als er die Krone Davids übernahm, war es nicht Stolz, der ihn bewegte, sondern Demut. In einer nächtlichen Vision erschien ihm Allah und sprach: „Bitte, was du willst, und ich werde es dir geben.“ In diesem Moment offenbarte sich die wahre Natur Salomos. Er hätte um Reichtum bitten können, um Macht über Feinde, um ein Leben voller weltlicher Freuden – doch er bat um Weisheit, um sein Volk mit Gerechtigkeit zu führen. Diese Bitte war kein bloßer Wunsch, sondern ein Ausdruck seiner tiefen Einsicht in die universelle Ordnung. Allah, der die Herzen kennt, belohnte ihn nicht nur mit unermesslicher Weisheit, sondern auch mit Frieden, Wohlstand und einer Herrschaft, die zu einem goldenen Zeitalter wurde.

Salomos Weisheit war ein Geschenk, das er nicht für sich selbst behielt, sondern mit der Welt teilte. Menschen von nah und fern kamen, um seine Urteile zu hören, um Zeugen seiner Gerechtigkeit zu werden. Eine Geschichte bleibt in meinem Herzen besonders lebendig: Zwei Frauen kamen zu ihm, beide behaupteten, die Mutter eines Kindes zu sein. Salomo, wissend, dass die Wahrheit nicht in Argumenten, sondern im Herzen liegt, sprach: „Bringt mir ein Schwert, wir werden das Kind teilen, damit jede eine Hälfte hat.“ Die eine Frau stimmte zu, doch die andere schrie auf: „Nein, gebt das Kind der anderen, aber lasst es leben!“ Ohne Zögern erkannte Salomo, dass nur eine Mutter so handeln würde, und gab ihr das Kind. Dieses Urteil war nicht bloß Klugheit – es war das Echo der göttlichen Ordnung, die sich durch seine Worte offenbarte.

Gerechtigkeit ist keine starre Regel, sondern die natürliche Harmonie zwischen allem, was existiert.

Doch Salomo war nicht nur ein Richter unter Menschen, er war auch ein Herr über die Geschöpfe, die jenseits unserer Wahrnehmung existieren. Allah gewährte ihm die Gabe, die Sprache der Tiere zu verstehen, mit den Winden zu sprechen, mit den Dschinn zu verhandeln. Er hörte den Gesang der Vögel als Lobpreis des Schöpfers, verstand die Weisheit der Ameisen, die in Gemeinschaft lebten, und erkannte, dass jede Kreatur ein Teil der göttlichen Ordnung war. Eines Tages hörte er eine Ameise sagen: „Versteckt euch, Salomos Heer naht!“ Anstatt sie zu übersehen, befahl er seiner Armee, achtsam zu sein – denn selbst die kleinsten Wesen sind Teil der Schöpfung, und jedes Leben verdient Respekt. Diese Geschichte berührt mich zutiefst, denn sie zeigt, dass wahre Macht nicht in Herrschaft liegt, sondern in der Fähigkeit, mit Mitgefühl zu regieren.

Nicht nur über Tiere und Menschen, sondern auch über die Dschinn hatte Salomo Macht. Einige dienten ihm, halfen ihm beim Bau gewaltiger Bauwerke, während andere versuchten, gegen ihn zu rebellieren. Doch er wusste, dass man Gehorsam nicht erzwingen kann – wahre Gefolgschaft entsteht aus Respekt, aus dem Erkennen der göttlichen Ordnung. Salomo hielt das Gleichgewicht zwischen den sichtbaren und unsichtbaren Welten aufrecht, denn er verstand, dass das Universum nicht nur aus dem besteht, was wir mit den Augen sehen, sondern auch aus dem, was in den verborgenen Ebenen der Schöpfung existiert.

Sein größtes Werk war der Bau des Ersten Tempels in Jerusalem. Er ließ die edelsten Materialien zusammentragen, vereinte Menschen aller Künste, um ein Bauwerk zu errichten, das nicht nur aus Stein bestand, sondern aus der Hingabe zu Allah. Der Tempel war mehr als ein Ort der Anbetung – er war ein Symbol für das Zusammenwirken von Himmel und Erde, ein Manifest der göttlichen Ordnung auf Erden. Wer ihn betrat, spürte die Präsenz des Schöpfers, die Harmonie, die sich durch die Mauern zog, als würde das Universum selbst in diesen heiligen Hallen atmen.

Doch auch Salomo blieb nicht unberührt von den Prüfungen, die mit Macht einhergehen. Im Alter begann sein Herz, von weltlichen Versuchungen eingenommen zu werden. Er heiratete Frauen fremder Kulturen, ließ zu, dass sich falsche Götzen in sein Reich schlichen. Die göttliche Ordnung, die er einst bewahrt hatte, begann ins Wanken zu geraten. Dies zeigt mir, dass selbst die Weisen und Gerechten nicht vor Fehlern gefeit sind, dass jeder Mensch mit den Schatten seines eigenen Herzens ringen muss. Doch in diesen Momenten der Schwäche erkannte Salomo, dass nichts von Dauer ist, außer der Liebe zu Allah. In seinen letzten Tagen schrieb er: „Eitelkeit der Eitelkeiten! Alles ist eitel! Was bleibt, ist nur der Herr.“ Diese Worte, so einfach sie erscheinen, tragen eine universelle Wahrheit – alles vergeht, alles verändert sich, doch Allahs Liebe ist ewig, und wer sich ihr anvertraut, wird nicht verloren gehen.

Als seine Zeit kam, verließ er diese Welt nicht in Angst, sondern in Frieden. Sein Königreich zerfiel mit der Zeit, sein Tempel wurde zerstört, doch seine Weisheit blieb bestehen. Sie lebt in den Geschichten, die über ihn erzählt werden, in den Erkenntnissen, die er hinterließ, in den Gesetzen, die er aufstellte. Das Universum bewegt sich weiter, aber es vergisst nicht jene, die in seiner Ordnung wandelten. Salomo verstand, dass wahre Macht nicht in Besitz oder Ruhm liegt, sondern in der Liebe zur Schöpfung, in der Erkenntnis, dass wir alle Teil eines größeren Plans sind.

Sein Erbe ist mehr als Stein und Gold, mehr als Ruhm und Herrschaft. Sein Erbe ist die Weisheit, die in jedem Herz weiterlebt, das nach Wahrheit sucht. Das Universum schläft nicht – es wächst, es spricht, es ruft uns zu, und so wie Salomo einst die Stimmen der Tiere hörte, können auch wir lernen, die Sprache des Universums zu verstehen.

Denn in der göttlichen Ordnung, in der Liebe Allahs, liegt die größte aller Weisheiten.

## Elija (Ilyas) und Elischa (Al-Yasa) – Die Verteidiger des Glaubens

In einer Zeit, in der das göttliche Gleichgewicht gestört war und das Volk Israel sich vom Schöpfer entfernte, erhob sich Elija (Ilyas) als leuchtendes Zeichen der Wahrheit. Er war nicht nur ein Prophet, sondern eine Flamme, die inmitten der Dunkelheit brannte, eine Stimme, die das Universum an seine ewige Harmonie erinnerte. Er wusste, dass die göttliche Ordnung durch die Macht der Liebe gewahrt bleibt, dass das Universum nicht schweigt, sondern sich immer in Einklang mit dem Willen Allahs bewegt. Doch die Menschen waren blind geworden, verführt von der Anbetung falscher Götter, von leeren Versprechungen und vergänglichen Illusionen.

Unter der Herrschaft von König Ahab und seiner Frau Isebel fiel Israel in den Götzendienst. Der Kult um Baal verdrängte den wahren Glauben, und die Menschen vergaßen, dass die gesamte Schöpfung von Allahs Liebe durchdrungen ist. Doch Elija konnte nicht schweigen. Er stellte sich gegen die Lügen, gegen die Täuschung, die das Volk gefangen hielt, und rief es zur Umkehr auf. Er wusste, dass das Universum nicht willkürlich handelt, dass es mit denen schwingt, die im Einklang mit der Wahrheit stehen. So forderte er die 450 Priester Baals heraus, um zu beweisen, wer der wahre Herr der Schöpfung war. Auf dem Berg Karmel wurden zwei Altäre errichtet, einer für Baal, einer für Allah. Die Priester riefen zu ihrem Gott, sie tanzten, sie schnitten sich, sie schrien in Ekstase – doch nichts geschah. Der Himmel blieb verschlossen, das Universum antwortete nicht auf ihre Rufe, denn ihre Stimmen waren leer. Dann trat Elija vor, mit einem Herzen, das in Liebe zu Allah brannte. Er ließ seinen Altar mit Wasser übergießen, so dass keine Flamme ihn entfachen konnte, und erhob seine Stimme. Im selben Moment brach Feuer vom Himmel herab, verzehrte das Opfer, verbrannte selbst die Steine, als wollte das Universum selbst bezeugen, dass nur Allah allein der wahre Herrscher ist. Die Menschen fielen auf ihre Knie, denn sie sahen mit eigenen Augen, dass nur einer die Schöpfung lenkt, nur einer das Universum trägt.

Elija lebte ein Leben des Widerstands, getragen von göttlicher Kraft, doch seine Zeit auf der Erde neigte sich dem Ende zu. Er wusste, dass seine Reise nicht im Tod enden würde, sondern dass das Universum ihn in seine Weiten aufnehmen würde. Während er mit seinem Schüler Elischa (Al-Yasa) ging, spürte er, dass sich die Schleier zwischen den Welten öffneten.

Plötzlich erschien ein feuriger Wagen, gezogen von lodernden Pferden, ein Zeichen, dass das Universum auf ihn wartete. Ein Sturmwind erhob ihn, umhüllte ihn mit göttlicher Energie, und ehe Elischa ihn zurückhalten konnte, wurde Elija in die Himmel entrückt. Er verließ diese Welt nicht durch den Tod, sondern wurde eins mit dem ewigen Rhythmus der Schöpfung, mit dem Licht, das niemals vergeht.

Doch sein Erbe blieb auf der Erde. Elischa, sein treuer Schüler, hatte gesehen, wie sein Meister emporstieg, und als der Mantel Elijas zu Boden fiel, wusste er, dass nun er die göttliche Kraft tragen würde. Er nahm den Mantel auf, berührte mit ihm das Wasser des Jordan, und der Fluss teilte sich – ein Zeichen, dass die göttliche Ordnung weiter bestand. Doch Elischa war nicht nur ein Nachfolger, er war ein neuer Prophet, ein Mann, durch den das Universum erneut sprach. Er heilte das unfruchtbare Land mit reinigendem Salz, als wolle er die vergessene Harmonie zurückbringen.

Er vermehrte das Öl einer armen Witwe, so dass sie und ihre Kinder überleben konnten, denn Allahs Liebe ist unermesslich und sorgt für die Bedürftigen. Er rief ein totes Kind zurück ins Leben, als Zeichen, dass das Universum sich der göttlichen Barmherzigkeit neigt. Er heilte Naaman, den Aramäer, vom Aussatz, indem er ihn anwies, sich im Jordan zu waschen – eine einfache Handlung, die doch zeigte, dass Reinheit nicht aus äußerem Glanz, sondern aus der Hingabe an Allah entsteht.

Elija hatte bewiesen, dass der Glaube unerschütterlich sein muss, dass die göttliche Ordnung nur durch jene gewahrt wird, die sich nicht von Illusionen täuschen lassen. Elischa führte dieses Erbe fort und zeigte, dass die göttliche Liebe immer bestehen bleibt. Die Wunder, die er vollbrachte, waren keine bloßen Zeichen der Macht, sondern das Flüstern des Universums, das in jeder Tat widerhallte. Das Universum ist lebendig, es ruht nicht, es entwickelt sich, doch es bleibt immer verbunden mit der Wahrheit. Es schwingt mit denjenigen, die in Einklang mit dem göttlichen Willen leben. Elija stieg in das Feuer des Himmels auf, doch sein Geist blieb unter den Menschen, in den Worten der Propheten, in den Herzen der Gläubigen, die nach Wahrheit suchen. Das Universum erinnert sich, es bewahrt seine Ordnung, und es ruft uns immer wieder zurück zur Liebe Allahs – dem einzigen Weg, der niemals vergeht.

## Jesaja (Ischayahu), Jeremia (Irmiya) und Hesekiel – Die Propheten der Umkehr

In einer Zeit großer Unruhe und spirituellen Verfalls sandte Allah drei mächtige Stimmen, um das Volk an seine göttliche Bestimmung zu erinnern. Jesaja, Jeremia und Hesekiel waren nicht nur Mahner, sondern lebendige Beweise für die unerschütterliche Liebe des Schöpfers. Sie sahen, wie der Mensch den Pfad der göttlichen Ordnung verließ und warnten vor den Konsequenzen – nicht aus Zorn, sondern aus tiefer Erkenntnis, dass das Universum in vollkommener Harmonie existiert und jede Abkehr von dieser Ordnung zwangsläufig Chaos mit sich bringt. Doch ihre Worte waren nicht nur Warnung, sondern auch Verheißung, denn Allahs Liebe ist nicht vergänglich, sie umfängt die gesamte Schöpfung und öffnet jedem die Tür, der bereit ist, zurückzukehren.

Jesaja war ein Prophet der Visionen, ein Mann, der sowohl das drohende Unheil als auch die verheißene Rettung sah. Er sprach von göttlicher Gerechtigkeit, aber auch von der Liebe, die niemals vergeht. Er erkannte, dass das Volk sich von Allah entfernt hatte, dass Gier, Ungerechtigkeit und Götzendienst es verblendet hatten. Doch er wusste auch, dass die göttliche Ordnung unzerstörbar ist, dass das Universum sich immer wieder erneuert und der Mensch, wenn er seinen Blick dem Licht zuwendet, seinen Platz in dieser Ordnung wiederfinden kann. Er sprach von einem kommenden Erlöser, einem Führer, der das Volk in Liebe zurückbringen würde. Seine Visionen waren erfüllt von Licht, von der Erkenntnis, dass selbst die tiefste Dunkelheit nicht ewig währt, weil Allahs Licht alles durchdringt. „Das Volk, das in der Finsternis wandelt, sieht ein großes Licht; über denen, die im Land des Todesschattens wohnen, strahlt ein Licht auf." Diese Worte waren nicht nur eine Verheißung, sondern eine Wahrheit, die tief im Universum verwurzelt ist – denn wo Allahs Wille wirkt, kann kein Schatten bestehen.

Jeremia war der Prophet, der mit Tränen sprach. Er sah das Unausweichliche, die Zerstörung Jerusalems und des Tempels, doch seine Worte waren nicht voller Wut, sondern voller Schmerz. Er weinte nicht aus Hoffnungslosigkeit, sondern aus der tiefen Erkenntnis, dass das Universum auf göttlicher Ordnung ruht und dass ein Volk, das sich davon abwendet, unweigerlich ins Verderben rennt. Er warnte, doch niemand hörte auf ihn.

Sie verspotteten ihn, warfen ihn ins Gefängnis, verschlossen ihre Herzen vor seinen Worten. Doch Jeremia wusste: Allah verlässt sein Volk nicht. Seine Liebe ist unerschütterlich, auch wenn der Mensch sie nicht immer erkennt. Selbst in der Zerstörung Jerusalems sah er Hoffnung – die Verheißung, dass Allah sein Volk wiederherstellen würde, dass das, was gefallen war, wieder aufgebaut wird, denn Allahs Barmherzigkeit übersteigt jedes menschliche Versagen. „Ich werde euch ein neues Herz geben und einen neuen Geist in euch legen. Ich werde das steinerne Herz aus eurem Fleisch nehmen und euch ein Herz aus Fleisch geben." Diese Worte offenbaren, dass jede Prüfung eine Gelegenheit zur Reinigung ist. Das Universum ist lebendig, und in jeder Zerstörung steckt die Kraft der Wiedergeburt.

Während Jeremia in Jerusalem weinte, wurde Hesekiel ins Exil nach Babylon geführt. Dort wurde er zum Propheten, der das Verständnis der göttlichen Ordnung auf eine neue Ebene hob. Seine Visionen waren nicht nur Offenbarungen über das Schicksal Israels, sondern tiefere Einblicke in die Mechanismen des Universums, das als lebendige Manifestation von Allahs Willen existiert. Er sah eine Vision der vier Lebewesen mit Flügeln und Rädern, die sich in vollkommener Harmonie bewegten – ein Bild der göttlichen Ordnung, die über Raum und Zeit hinausgeht. Das Universum steht nicht still, es ist in ständiger Bewegung, und doch folgt es einem göttlichen Plan, der niemals ins Wanken gerät.

Doch seine größte Vision war die der toten Gebeine, die wieder zum Leben erwachen. In einem weiten Tal sah er verstreute, ausgetrocknete Knochen, ein Sinnbild für ein Volk, das seinen Glauben verloren hat. Doch dann hörte er die Stimme Allahs: „Sprich zu diesen Gebeinen: Ich werde Atem in euch geben, und ihr sollt leben!" Vor seinen Augen begannen sich die Knochen zusammenzufügen, wurden mit Fleisch bedeckt, und schließlich hauchte Allah ihnen neues Leben ein. Diese Vision war mehr als ein Zeichen – sie war eine Bestätigung, dass keine Seele für immer verloren ist, dass die göttliche Liebe alles erneuern kann. Das Universum stirbt nicht, es transformiert sich, es wird neu erschaffen, denn Allahs Wille ist Leben.

Jesaja, Jeremia und Hesekiel erinnerten die Menschen daran, dass das Universum nicht ziellos existiert. Alles folgt einer göttlichen Ordnung, die auf Liebe, Gerechtigkeit und Barmherzigkeit basiert. Wenn der Mensch sich davon entfernt, gerät sein Leben ins Wanken, doch Allahs Liebe bleibt. Sie ruft den Menschen immer wieder zurück, sie öffnet Wege, sie sendet Zeichen. Ihre Worte zeigen, dass Allah nicht nur richtet, sondern auch heilt, dass er den Menschen nicht zerstört, sondern ihm die Möglichkeit gibt, seinen Weg zu korrigieren. Das Universum ist kein Raum der Strafe, sondern eine Schule der Erkenntnis. Die Prüfungen, die über Israel kamen, waren nicht das Ende, sondern eine Lektion, eine Gelegenheit zur Umkehr. „Denn ich kenne die Pläne, die ich für euch habe, spricht der Herr – Pläne des Friedens und nicht des Unheils, euch eine Zukunft und eine Hoffnung zu geben." Dies ist die wahre Botschaft der drei Propheten: Das Universum lebt, weil die göttliche Liebe niemals aufhört zu wirken. Selbst wenn der Mensch irrt, selbst wenn er fällt, bleibt die Tür zur Umkehr offen. Denn wo Liebe ist, ist Leben – und wo Leben ist, ist Hoffnung.

## Jonas (Yunus) – Der Prophet im Bauch des Fisches

Jonas (Yunus) war ein Mensch wie wir – voller Zweifel, voller Fragen, voller Ängste vor dem Unbekannten. Doch seine Geschichte ist eine der eindrucksvollsten Erzählungen über die unermessliche Gnade Allahs, über das Universum als lebendiges, atmendes Wesen, das uns führt, lehrt und formt. Sie zeigt, dass es keine Flucht vor dem göttlichen Willen gibt, dass selbst unsere Umwege, unser Widerstand und unsere Angst letztendlich Teil eines größeren Plans sind, den wir oft erst verstehen, wenn wir uns der Liebe Allahs vollkommen hingeben.

Jonas wurde gesandt, um die Menschen von Ninive zu warnen, eine große Stadt, in der die Menschen sich von der göttlichen Ordnung abgewandt hatten. Er sollte ihnen verkünden, dass ihr Leben ohne Rechtschaffenheit Konsequenzen haben würde, dass das Universum auf Harmonie beruht und jede Abkehr davon unweigerlich ins Chaos führt. Doch in ihm wuchs die Angst. Würden sie ihm zuhören? Oder würden sie ihn auslachen, ihn vertreiben? Er zweifelte, er fürchtete sich, und schließlich entschied er, der göttlichen Bestimmung zu entfliehen. Doch kann man wirklich vor Allah fliehen? Kann ein Mensch der Ordnung des Universums entrinnen? Jonas glaubte, sich durch seine Flucht von der Verantwortung zu befreien, doch das Universum hatte bereits begonnen, ihn zu lehren.

Er bestieg ein Schiff, das ihn weit wegbringen sollte, doch das Meer erhob sich gegen ihn. Der Himmel verdunkelte sich, die Wellen türmten sich auf, und der Wind tobte. Es war, als ob das Universum selbst ihn zurückholen wollte, als ob es rief: „Kehr um, erkenne deine Bestimmung!“ Die Matrosen fürchteten um ihr Leben, beteten zu ihren Göttern, doch nichts half. Schließlich zogen sie Lose, um herauszufinden, wer für diesen Sturm verantwortlich war – und das Los fiel auf Jonas. Die Wahrheit ließ sich nicht länger verstecken. Jonas wusste es. Er erkannte, dass er sich nicht einfach seiner göttlichen Aufgabe entziehen konnte, dass das Universum auf einer Ordnung beruht, die nicht ignoriert werden kann. „Werft mich ins Meer“, sagte er, „dann wird sich das Wasser beruhigen.“ Und kaum war er ins Wasser gefallen, legte sich der Sturm, das Meer wurde still. Doch seine Prüfung war nicht vorbei – sie hatte gerade erst begonnen.

Das Universum verschlang ihn nicht in Wut, sondern in göttlicher Führung. Ein gewaltiger Fisch nahm ihn auf, nicht um ihn zu bestrafen, sondern um ihn zu bewahren, um ihn in die Stille zu führen, in einen Raum, in dem keine Flucht mehr möglich war, nur Einsicht. Drei Tage und drei Nächte verbrachte Jonas in dieser Dunkelheit, fern von allem, was er kannte. Eingehüllt von der Tiefe des Ozeans, umgeben von Stille, hatte er nichts mehr außer seinen Gedanken, seine Ängste und sein Gebet. Hier erkannte er: Die göttliche Ordnung straft nicht, sie leitet. Das Universum zerstört nicht, es formt. Er begriff, dass er nicht gegen den Willen Allahs ankämpfen musste, dass sein Frieden nur in der absoluten Hingabe an seine Bestimmung lag. Und so sprach er in der Dunkelheit seine Worte der Reue, seine Worte der Hingabe: „Es gibt keinen Gott außer Dir. Preis sei Dir! Ich war einer der Ungerechten."

Das Universum antwortete auf sein Gebet. Der Fisch spuckte ihn an Land, unversehrt, gereinigt, befreit. Jonas war derselbe Mann, doch sein Herz war erneuert. Er hatte verstanden, dass es keinen anderen Weg gibt als den, den Allah für uns bestimmt hat, dass jede Prüfung eine Tür zur Erkenntnis ist. Er kehrte nach Ninive zurück, und diesmal sprach er mit einem festen Herzen. Die Menschen hörten auf ihn. Sie sahen die Wahrheit in seinen Worten, spürten die Kraft der göttlichen Ordnung und kehrten um. Und Allah, der die Reue des Menschen annimmt, wenn sie aufrichtig ist, vergab ihnen.

Doch Jonas verstand es nicht. Er hatte erwartet, dass Ninive bestraft werden würde, doch stattdessen hatte Allah ihnen vergeben.

Er zog sich zurück, suchte Zuflucht unter dem Schatten eines Baumes, um nachzudenken. Da ließ Allah eine Pflanze wachsen, die ihn vor der Sonne schützte, doch am nächsten Tag verdorrte sie. Jonas klagte darüber, dass ihm der Schatten genommen wurde, doch Allah sprach zu ihm: „Du trauerst um eine Pflanze, die du nicht erschaffen hast. Und sollte ich nicht um die Menschen von Ninive trauern, die ich erschaffen habe?“ Da erkannte Jonas, dass er noch immer nicht ganz verstanden hatte – dass Allah nicht nur der Gott der Ordnung ist, sondern auch der Gott der unendlichen Liebe und Barmherzigkeit. Das Universum ist nicht starr, es ist nicht nur Gerechtigkeit, sondern auch Gnade. Es führt nicht nur durch Prüfungen, sondern auch durch Vergebung.

Die Geschichte von Jonas lehrt, dass der Mensch niemals der göttlichen Ordnung entkommen kann – dass das Universum, in all seinen Bewegungen, stets darauf ausgerichtet ist, uns zurück zum Licht zu führen. Sie zeigt, dass Allahs Gnade größer ist als unsere Fehler, dass kein Mensch so tief fallen kann, dass ihn die göttliche Liebe nicht wieder emporhebt. Selbst in den dunkelsten Momenten, selbst in den Tiefen des Ozeans, in den Tiefen unseres Herzens, ist Allahs Licht da, bereit, uns zu befreien. Das Universum ist kein Feind, sondern ein Lehrer, ein Spiegel der göttlichen Wahrheit, der uns immer wieder zurückruft, zurückführt, zurückliebt. Und so wie Jonas aus der Tiefe des Meeres befreit wurde, kann auch jeder Mensch aus seinen Prüfungen emporsteigen – wenn er erkennt, dass Allahs Liebe ihn nie verlassen hat.

## Jesus (Isa) – Der Messias und Verkünder der Liebe

Jesus (Isa) war ein Prophet, dessen Wirken einen der bedeutendsten Wendepunkte in der Geschichte der göttlichen Offenbarung markierte. Er steht in einer Linie mit Abraham (Ibrahim) und Moses (Musa), nicht nur als Verkünder der Wahrheit, sondern als lebendiges Zeichen der göttlichen Liebe und Barmherzigkeit. Sein Leben und seine Lehren waren ein Spiegel des Universums selbst, das in vollkommener Harmonie mit Allahs Willen existiert. In ihm zeigte sich das Licht, das in Zeiten des Zweifels und der Dunkelheit Hoffnung brachte, ein Licht, das nicht nur die Menschen seiner Zeit, sondern auch die Seelen künftiger Generationen erleuchten sollte.

Seine Geburt war ein Wunder, ein Zeichen dafür, dass das Universum durchdrungen ist von göttlicher Ordnung und dass Allah diejenigen erwählt, die er will, unabhängig von menschlichen Maßstäben. Maria (Maryam), eine Frau von unvergleichlicher Reinheit und Hingabe, wurde von einem Engel die frohe Botschaft überbracht, dass sie einen Sohn empfangen würde – ohne einen menschlichen Vater. „Es ist Allahs Wille“, sprach der Engel, und mit diesen Worten offenbarte sich eine der größten Wahrheiten: dass das Universum nicht an irdische Grenzen gebunden ist, sondern dass Allah der Herrscher über alle Dinge ist.

Jesus wuchs mit einem Geist der Weisheit heran, und schon als Kind zeigte sich seine außergewöhnliche Verbindung zur göttlichen Wahrheit. Als er zwölf Jahre alt war, fand man ihn im Tempel, wie er mit den Gelehrten sprach und sie mit seinem Wissen über die Schrift und die göttliche Ordnung erstaunte. Seine Worte waren nicht die eines gewöhnlichen Kindes – sie waren erfüllt von einer Klarheit, die nur aus einer Seele kommen konnte, die tief mit Allahs Licht verbunden war.

Als er seine Mission begann, trat er nicht mit Schwert oder Macht auf, sondern mit Liebe und Sanftmut. Er sprach nicht zu den Reichen und Mächtigen, sondern zu den Armen, den Unterdrückten, den Kranken und Ausgestoßenen.

Er berührte die Herzen jener, die die Welt vergessen hatte, und zeigte ihnen, dass Allahs Liebe für alle gilt. Er ging zu den Blinden und ließ sie sehen – nicht nur mit ihren Augen, sondern auch mit ihren Herzen. Er heilte die Gelähmten, sodass sie wieder gehen konnten – nicht nur mit ihren Beinen, sondern auf dem geraden Weg der

Wahrheit. Er legte seine Hände auf die Kranken, und sie wurden gesund – nicht nur körperlich, sondern auch geistig. Jedes Wunder war mehr als eine Heilung – es war eine Lektion über die universelle Harmonie, die Allah erschaffen hatte.

Doch seine größte Tat war vielleicht nicht seine Wunderkraft, sondern seine unendliche Barmherzigkeit. Er lehrte, dass die Liebe zu Allah sich in der Liebe zu den Menschen zeigen muss, dass Vergebung mächtiger ist als Hass, dass Sanftmut stärker ist als Gewalt. Er sagte: „Wenn dich jemand auf die rechte Wange schlägt, dann halte ihm auch die andere hin.“ Diese Worte waren nicht die eines Schwachen – sie waren die eines Menschen, der das Universum verstand. Er wusste, dass Hass eine endlose Kette erschafft, dass Vergeltung nur neues Leid hervorbringt. Nur durch Vergebung kann der Mensch sich wirklich befreien. Er lehrte, dass selbst die größte Sünde vergeben werden kann, wenn sie aus aufrichtiger Reue heraus bereut wird.

Doch nicht alle konnten diese Wahrheit akzeptieren. Die religiösen Führer seiner Zeit sahen in ihm eine Bedrohung. Sie fürchteten nicht nur seine Lehren, sondern auch seine wachsende Anhängerschaft. Doch Jesus scheute sich nicht, die Wahrheit auszusprechen – und wo er Sanftmut lehrte, konnte er auch Strenge zeigen, wenn es nötig war. Als er eines Tages den Tempel betrat, sah er, wie die Heiligkeit dieses Ortes entweiht wurde. Händler hatten ihn in einen Marktplatz verwandelt, Geldwechsler machten Geschäfte, während das Gebet verdrängt wurde. Da ergriff Jesus eine Peitsche aus Stricken, stieß die Tische der Händler um, warf ihre Münzen auf den Boden und rief: „Mein Haus soll ein Haus des Gebetes sein, aber ihr habt es zu einer Räuberhöhle gemacht!“

Dies war nicht der Moment eines sanften Predigers – es war der Moment eines Mannes, der die Ordnung Allahs verteidigte. Er zeigte, dass göttliche Liebe nicht nur bedeutet, zu vergeben, sondern auch, für das Richtige einzustehen. Liebe bedeutet nicht, Ungerechtigkeit hinzunehmen – sie bedeutet, die Wahrheit zu verkünden, selbst wenn sie unbequem ist.

Diejenigen, die seine Botschaft nicht ertragen konnten, suchten einen Weg, ihn zum Schweigen zu bringen. Sie verrieten ihn, verleumdeten ihn, planten seinen Tod. Der Islam lehrt, dass Allah ihn rettete und ihn zu sich erhob, während seine Feinde glaubten, sie hätten ihn besiegt. Doch seine Lehren, seine Wunder, sein Licht – sie konnten nicht ausgelöscht werden. Das Universum selbst trug seine Botschaft weiter, weil sie wahr war, weil sie in der göttlichen Ordnung verwurzelt war.

Ich trage den Namen Christian, und lange Zeit verstand ich nicht, warum. Ich wurde in diesen Namen hineingeboren, getauft, aufgewachsen mit einer Religion, die mich mit vielen Fragen zurückließ. Mit sechzehn trat ich aus der Kirche aus, auf der Suche nach Wahrheit, auf der Suche nach dem Sinn meiner Existenz. Jahre später, als ich meine Frau heiratete, konvertierte ich zum Islam – und zum ersten Mal fühlte ich, dass meine Seele die Reise fand, die sie immer gehen sollte. Heute verstehe ich, dass alles, was geschah, kein Zufall war. Mein Name war keine Fehlentscheidung, sondern Teil von Allahs Bestimmung. Ich habe ihn nie abgelegt, denn er war ein Kapitel meines Weges, ein Zeichen, dass Allah mich durch verschiedene Türen führte, damit ich die Wahrheit erkannte. Für meine islamische Gemeinschaft wählte ich den Beinamen Atila, denn oft verwirrte der Name Christian einige in der Moschee. Doch heute weiß ich, dass es kein Widerspruch ist – es ist ein Zeichen, dass meine Reise unter Allahs Plan stand.

Jesus lehrte, dass Allahs Liebe für alle ist, dass wir nach Wahrheit suchen sollen und dass wir, wenn wir sie finden, erkennen werden, dass alles im Universum nach seinem Willen geschieht. Er war ein Licht unter den Propheten, ein Meilenstein in der Geschichte der göttlichen Ordnung. Wer sein Leben betrachtet, wer seine Worte liest, erkennt, dass er nicht nur für eine bestimmte Zeit oder ein bestimmtes Volk gesandt wurde, sondern dass seine Botschaft universell war – für jeden, der auf der Suche nach der Wahrheit ist. Sein Leben zeigt, dass das Universum sich immer in Richtung Allahs Liebe bewegt, dass jede Seele ihren Weg dorthin finden kann, wenn sie bereit ist, die Zeichen zu sehen.

## Mohammed (Frieden sei auf ihm) – Der Siegel der Propheten

Mit Mohammed (Frieden sei auf ihm) fand die göttliche Offenbarung ihre Vollendung. Er war der letzte Prophet, das Siegel der Propheten, derjenige, durch den das Universum die endgültige Botschaft der göttlichen Ordnung empfing. Sein Leben, seine Worte und seine Weisheit stehen als leuchtendes Beispiel für die Kraft der Liebe, der Barmherzigkeit und der unerschütterlichen Treue zur göttlichen Wahrheit. Er kam nicht, um etwas Neues zu bringen, sondern um die Menschen zur reinen Wahrheit zurückzuführen – zur ursprünglichen Botschaft, die seit Adam (Friede sei auf ihm) existiert, doch immer wieder durch menschliche Einflüsse verzerrt wurde.

Das Universum atmet die göttliche Wahrheit, und doch entfernte sich die Menschheit von ihr. Die vorherigen Offenbarungen, insbesondere die Schriften, die das Neue Testament formen, gerieten mit der Zeit aus dem göttlichen Fokus. Der Blick auf Allah, den Einen, den Ewigen, wurde vermenschlicht, verzerrt durch die Angst und die Verfolgung jener, die die Worte Jesu (Friede sei auf ihm) niederschrieben. Anstelle der absoluten Einheit Gottes entstand eine Lehre, die ihn als Vater bezeichnete, die ihn in eine irdische Vorstellung kleidete, die seine unermessliche Essenz auf menschliche Begriffe reduzierte. Die göttliche Ordnung war gestört, und das Universum, das nach Harmonie strebt, brachte seine Antwort: die letzte Offenbarung, den Koran, herabgesandt an Mohammed (Frieden sei auf ihm), denjenigen, der das Licht der Wahrheit in einer dunklen Zeit entfachen sollte.

Mohammed (Frieden sei auf ihm) wurde in eine Welt geboren, die von Unwissenheit, Götzendienst und Ungerechtigkeit geprägt war. Doch schon in jungen Jahren zeigte er eine außergewöhnliche Reinheit des Herzens. Er suchte nicht nach Reichtum oder Macht, sondern nach Wahrheit. Oft zog er sich in die Stille der Wüste zurück, um nachzudenken und zu beten, bis schließlich die göttliche Antwort kam. In der Höhle Hira erschien ihm der Engel Gabriel und sprach: „Lies! Im Namen deines Herrn, der erschaffen hat.“ Mit diesen Worten begann die Offenbarung, die das Universum zurück zur reinen Ordnung führte.

Die Botschaft war klar und eindeutig: Es gibt nur einen Gott, den Schöpfer von allem, was existiert. Das Universum folgt seiner Ordnung, und der Mensch ist Teil dieses großen Gefüges. Mohammed (Frieden sei auf ihm) predigte Gerechtigkeit, Mitgefühl, Wissen und die untrennbare Verbindung des Menschen zu seinem Schöpfer. Er erinnerte an die Werte, die durch Adam, Noah, Abraham, Moses und Jesus (Friede sei auf ihnen) bereits verkündet worden waren. Doch der Islam war die endgültige Vollendung dieser Botschaft, das letzte Licht, das nicht mehr verfälscht oder verändert werden konnte.

Trotz seiner Güte und Sanftmut begegnete er unermesslichem Widerstand. Er wurde verspottet, verfolgt und bedroht, doch er zeigte eine Geduld, die nur aus tiefster Überzeugung und göttlicher Führung entspringen konnte. Als er nach Jahren des Exils triumphierend nach Mekka zurückkehrte, erwarteten viele Vergeltung. Doch stattdessen sprach er die Worte, die die Herzen seiner Feinde erschütterten: „Heute gibt es keine Vergeltung. Geht, ihr seid frei." Diese Barmherzigkeit, diese unendliche Liebe war es, die seine Feinde besiegte, nicht das Schwert, sondern die Kraft der Wahrheit.

Die göttliche Ordnung offenbarte sich immer wieder in seinem Leben, in den kleinen und großen Wundern, die ihn begleiteten. Als er mit seinem Gefährten Abu Bakr auf der Flucht war, fanden sie Zuflucht in der Höhle von Thaur. Die Quraisch waren ihnen dicht auf den Fersen, doch Allah wirkte durch das Universum. Eine kleine Spinne spann in kürzester Zeit ihr Netz über den Eingang der Höhle, und eine Taube legte ihre Eier davor. Als die Verfolger kamen, sahen sie das unberührte Netz und die Taube und dachten, dass hier niemand sein konnte. So schützte das Universum den letzten Propheten mit den einfachsten Mitteln – ein Zeichen, dass selbst das kleinste Geschöpf Teil der göttlichen Ordnung ist.

Die göttliche Weisheit zeigte sich auch in seinen Lehren über den Alkohol. Mohammed (Frieden sei auf ihm) sah, wie die Menschen den Rausch genossen, wie sie sich befreit fühlten, wenn der Verstand vernebelt wurde. Doch mit dem nächsten Morgen kam die Reue, der Streit, das Leid. Der Alkohol, ein scheinbarer Quell des Glücks, entpuppte sich als zerstörerische Kraft, die die Menschen von ihrer inneren Ordnung, von ihrem wahren Wesen entfernte. So verbot Allah den Alkohol nicht sofort, sondern ließ die Menschen schrittweise erkennen, dass wahre Freude nicht in Vergänglichem liegt, sondern in der Klarheit und Nähe zu ihm. Der Verstand ist ein Geschenk, und wer ihn betäubt, entfernt sich von der Harmonie des Universums.

In seiner letzten Predigt sprach Mohammed (Frieden sei auf ihm): „Heute habe ich eure Religion für euch vollendet, und meine Gnade an euch erfüllt, und ich habe für euch den Islam als Lebensweise erwählt." Dies war die Bestätigung, dass die göttliche Botschaft nun vollständig war. Das Universum hatte gesprochen, das Licht der Wahrheit war entfacht, und der Weg für die Menschheit war klar gezeichnet. Der Islam war keine neue Religion, sondern die Rückkehr zur ursprünglichen Reinheit, die Abraham, Moses und Jesus (Friede sei auf ihnen) bereits gelehrt hatten. Doch nun war sie in ihrer endgültigen, unveränderlichen Form gegeben worden.

Mohammed (Frieden sei auf ihm) zeigte, dass wahre Größe nicht in weltlicher Macht liegt, sondern in der Nähe zu Allah, in der Liebe zu den Menschen und in der Barmherzigkeit gegenüber allen Geschöpfen. Seine Lehren zeigen, dass das Universum ein lebendiges Wesen ist, das sich nach göttlicher Ordnung bewegt – dass alles, was existiert, Teil eines größeren Plans ist, der in Harmonie und Liebe verwurzelt ist. Er brachte die endgültige Botschaft, die in jedem Herz, das danach sucht, lebendig bleibt. Sein Licht erlosch nicht mit seinem irdischen Leben – es erleuchtet weiterhin die Pfade der Wahrheit, denn die göttliche Ordnung bleibt bestehen, und die Liebe Allahs ist unendlich.

Ich trage den Namen Christian, und es war Allahs Bestimmung, dass ich ihn trage. Mein Name verbindet mich mit einer anderen Religion, doch mein Herz hat immer nach der Wahrheit gesucht, die über Namen, Begriffe und menschliche Einteilungen hinausgeht. Schon lange bevor ich den Islam annahm, spürte ich eine innere Unruhe, eine Sehnsucht nach etwas, das ich noch nicht greifen konnte. Mit sechzehn verließ ich die Kirche, nicht aus Ablehnung, sondern weil ich fühlte, dass das, was mich wirklich erfüllte, noch vor mir lag. Ich suchte nach etwas, das mich auf eine tiefere Weise berührte, nach einer Wahrheit, die nicht nur in Ritualen oder Traditionen bestand, sondern in der direkten Verbindung mit Allah.

Ich nahm den Beinamen Atila an, nicht weil ich meinen ursprünglichen Namen ablehnen wollte, sondern weil ich in meiner türkischen muslimischen Gemeinschaft ein klares Zeichen setzen wollte. Der Name Christian konnte einige verwirren, doch in meinen Augen ist ein Name nicht das, was einen Menschen ausmacht. Mein Herz gehört Allah, und das ist das Einzige, was zählt. Meine Reise war kein Zufall. Sie war Teil des universellen Plans, ein Weg, den das Universum mit göttlicher Weisheit für mich gezeichnet hat. Heute verstehe ich, dass mein Name nicht im Widerspruch zu meinem Glauben steht, sondern Teil der Reise ist, die Allah für mich bestimmt hat. Der Islam hat mich aufgenommen, nicht als Fremden, sondern als einen, der zu ihm gehört. Und das ist die größte Liebe, die ich je erfahren durfte.

# Kapitel 2:

## Das Alte Testament – Die Ursprüngliche Offenbarung

Das Alte Testament ist die erste umfassende göttliche Offenbarung, die über Generationen hinweg das Fundament des Glaubens für das jüdische Volk bildete und später auch in der christlichen Tradition eine zentrale Rolle einnahm. Es erzählt die Geschichte der Schöpfung, der Menschheit, der Propheten, der göttlichen Gebote und der Beziehung zwischen Gott und seinem erwählten Volk. Diese Schriften sind mehr als historische Aufzeichnungen – sie sind spirituelle Weisheiten, die die göttliche Ordnung reflektieren.

## Die Offenbarung des Alten Testaments

Die Schriften des Alten Testaments entstanden über viele Jahrhunderte hinweg, durch Offenbarungen an verschiedene Propheten, beginnend mit Moses (Musa), der als der größte Prophet des jüdischen Glaubens gilt. Nach der jüdischen Überlieferung empfing Moses die Tora auf dem Berg Sinai, direkt von *Allah* übermittelt, als ewige Anleitung für das Volk Israel.

Die göttliche Botschaft wurde nicht nur in Form von Gesetzen, sondern auch durch Erzählungen, Prophetien und Weisheitsschriften vermittelt. Das Alte Testament besteht aus mehreren Büchern, die in folgende Hauptkategorien unterteilt werden:

## Die Tora (die fünf Bücher Mose)

Die Tora ist der Kern des jüdischen Glaubens und besteht aus fünf Büchern, die sowohl Erzählungen als auch Gesetze enthalten und die göttliche Ordnung vermitteln.

## Genesis (Bereschit) – Der Ursprung der Welt und des Glaubens

Genesis, das erste Buch der Bibel, beginnt mit den monumentalen Worten: „Am Anfang schuf ***Allah*** Himmel und Erde." Es erzählt die Geschichte der Schöpfung in sechs Tagen, gefolgt von der Ruhe am siebten Tag. Die Erschaffung von Adam und Eva, der Sündenfall und die Vertreibung aus dem Garten Eden legen den Grundstein für das menschliche Dasein.

Genesis führt uns weiter durch die Geschichte der frühen Menschheit, die Sintflut und die Errettung Noahs, bevor der Fokus auf die Patriarchen Abraham, Isaak und Jakob gelegt wird. Die Berufung Abrahams als Stammvater eines auserwählten Volkes, der Bund *Allahs* mit ihm, die Prüfung seines Glaubens und die Geburt Isaaks und Ismaels sind zentrale Themen.

Das Buch endet mit der bewegenden Geschichte von Josef, der von seinen Brüdern verraten, nach Ägypten verkauft und schließlich zum Retter seines Volkes wird. Diese Erzählung offenbart das göttliche Wirken hinter menschlichem Leid und zeigt, wie Vorsehung und der Plan *Allahs* unaufhaltsam wirken.

## Exodus (Schemot) – Die Befreiung und das Gesetz *Allahs*

Exodus schildert die dramatische Geschichte der Versklavung Israels in Ägypten, das Wirken Moses und die zehn Plagen, die das Land heimsuchen. Der zentrale Moment ist die Befreiung der Israeliten durch die Teilung des Roten Meeres, die göttliche Führung durch die Wüste und der Empfang der Zehn Gebote auf dem Berg Sinai.

Hier wird das Volk Israel nicht nur physisch befreit, sondern erhält auch seine spirituelle Identität durch die göttlichen Gebote. Die Errichtung der Bundeslade und die Anweisung zum Bau des Tabernakels verdeutlichen die Notwendigkeit eines heiligen Zentrums für die Gegenwart Allahs.

Exodus ist ein Buch der Transformation – von der Knechtschaft zur Freiheit, von der Unwissenheit zur göttlichen Weisheit. Es zeigt, dass wahre Befreiung nicht nur körperlich, sondern vor allem spirituell sein muss.

## Levitikus (Wajikra) – Die göttlichen Gesetze und Reinheit

Levitikus ist ein Buch der Gesetze und Rituale, das die göttlichen Anweisungen für Reinheit, Heiligkeit und Opfer beschreibt. Hier werden die priesterlichen Aufgaben und die Reinheitsgebote dargelegt, die für das jüdische Volk von zentraler Bedeutung sind.

Das Buch befasst sich mit den verschiedenen Arten von Opfern, Speisegesetzen, dem Konzept des Jubeljahres und den moralischen Geboten, die das soziale und religiöse Leben bestimmen. Besonders wichtig ist das Gebot der Nächstenliebe: „Du sollst deinen Nächsten lieben wie dich selbst" (Levitikus 19:18), eine der zentralen Lehren der Tora.

## Numeri (Bamidbar) – Die Prüfungen der Wüstenwanderung

Numeri setzt die Erzählung der Israeliten fort, die nun durch die Wüste ziehen und mit Prüfungen, Rebellionen und göttlicher Führung konfrontiert werden. Die

Volkszählung gibt dem Buch seinen Namen, doch der wahre Fokus liegt auf dem Glauben und Zweifel des Volkes.

Die Israeliten, die Zeugen der größten Wunder wurden, fallen immer wieder in Unglauben zurück, was dazu führt, dass sie vierzig Jahre in der Wüste wandern müssen. *Allah* prüft sie durch Herausforderungen, doch Er gibt ihnen auch Zeichen seiner Gegenwart, wie die Wolken- und Feuersäule.

Diese Erzählung zeigt, dass der Glaube oft durch Widrigkeiten gestärkt wird und dass nur diejenigen, die Geduld und Vertrauen in Allah zeigen, in das verheißene Land gelangen.

## Deuteronomium (Dewarim) – Die Wiederholung des Gesetzes und die Abschiedsworte Moses

Das fünfte Buch Mose enthält die letzten Reden von Moses, bevor das Volk Israel das Gelobte Land betritt. Es fasst die Gebote erneut zusammen, betont die Bedeutung der Treue zu *Allah* und enthält Mahnungen für die Zukunft.

In Deuteronomium wird der Bund zwischen *Allah* und Israel erneuert. Die berühmten Worte „Höre, Israel! Der Herr, unser *Allah*, der Herr ist einzig!" (Deuteronomium 6:4) bilden das Glaubensbekenntnis des Judentums.

Das Buch endet mit dem Tod Moses auf dem Berg Nebo, von wo aus er das Gelobte Land erblicken darf, aber nicht betreten kann. Sein Vermächtnis bleibt jedoch unsterblich, denn er hat das Fundament für das göttliche Volk gelegt.

Die Bedeutung der Tora

Die Tora ist weit mehr als eine Sammlung von Erzählungen und Gesetzen. Sie ist der Ausdruck der göttlichen Weisheit, eine ewige Lehre für die Menschheit. Sie enthält nicht nur historische Berichte, sondern offenbart die göttliche Ordnung des Universums, das Prinzip von Gerechtigkeit und Mitgefühl sowie die Bedeutung des Glaubens.

Die fünf Bücher Mose bleiben der zentrale Bezugspunkt für das jüdische Volk, das Christentum und den Islam. Sie bilden das Fundament aller monotheistischen Religionen und sind ein ewiges Zeugnis für den Bund zwischen *Allah* und den Menschen.

## Die Geschichtsbücher – Die Entwicklung des Volkes Israel

Die Geschichtsbücher dokumentieren nicht nur historische Ereignisse, sondern auch das spirituelle Wachstum und die Herausforderungen des Volkes Israel. Sie zeigen, wie göttliche Weisheit und menschliche Schwäche immer wieder aufeinandertrafen.

Nachdem Moses das Volk aus Ägypten geführt hatte, war es Josua, sein treuer Gefährte, der sie in das verheißene Land führte. Die Eroberung Kanaans war kein einfacher Kampf, doch *Allah* stand ihnen bei. Die Mauern Jerichos fielen nicht durch menschliche Gewalt, sondern durch die Kraft des göttlichen Willens. Doch mit dem Sieg kamen auch Herausforderungen. Das Volk musste lernen, in einem neuen Land nach den Geboten *Allahs* zu leben. Josua, erfüllt von göttlicher Weisheit, mahnte sie zur

Treue, doch sein Tod ließ eine Zeit der Unsicherheit zurück.

Die Zeit der Richter war geprägt von einem wiederkehrenden Muster: Wenn Israel *Allah* vergaß, wurde es von Feinden bedrängt. Doch in Seiner Gnade sandte *Allah* immer wieder Führer, die das Volk erretteten.

Mit der Sehnsucht nach Stabilität verlangte das Volk einen König. Samuel, der letzte Richter, hörte die Stimme *Allahs* und salbte Saul. Doch Macht kann den Glauben schwächen, und Sauls Stolz führte zu seinem Fall. David, der einfache Hirtenjunge, wurde durch seine Demut und seinen Mut zum erwählten König. Sein Sieg über Goliath war mehr als eine Schlacht – es war der Triumph des Glaubens über die Angst.

Diese Geschichte, sowie viele andere, zeigt, dass das Universum nicht in Chaos existiert, sondern in einer göttlichen Ordnung, die durch *Allahs* Liebe zusammengehalten wird. Wer in Einklang mit dieser Ordnung lebt, wird nicht irregehen.

## Die Weisheitsliteratur – Der göttliche Plan hinter dem Leben

Während die Geschichtsbücher die äußeren Ereignisse erzählen, offenbart die Weisheitsliteratur die inneren Kämpfe und das Streben des Menschen nach Erkenntnis. Hiob lehrt, dass Leid nicht immer eine Strafe ist. Seine Prüfungen waren nicht das Ende, sondern ein Mittel, um seinen Glauben zu festigen. Seine Geduld wurde belohnt, aber die wichtigste Erkenntnis war, dass Gott größer ist als menschliches Verständnis.

Die Psalmen Davids sind Lieder des Herzens. Sie spiegeln Freude, Trauer, Reue und Hoffnung wider. Wenn David in dunklen Zeiten betete, war es nicht nur ein Ruf nach Rettung – es war der Ausdruck einer Seele, die nach göttlicher Nähe suchte. Jeder Vers, jede Melodie zeigt die tiefe Verbindung zwischen Mensch und Schöpfer.

Die Sprüche Salomos sind eine Sammlung göttlicher Weisheiten. Sie lehren, dass der wahre Reichtum nicht in Gold oder Macht liegt, sondern in einem weisen Herzen. „Die Furcht des Herrn ist der Anfang der Weisheit" – dieser Satz fasst die Essenz der göttlichen Ordnung zusammen.

Doch nicht alle Weisheitsbücher sind voller Licht. Der Prediger (Kohelet) stellt Fragen, die sich jeder Mensch irgendwann stellt: Was ist der Sinn des Lebens? Ist alles nur vergänglich? „Alles ist eitel" – doch zwischen den Zeilen dieser scheinbaren Verzweiflung liegt eine tiefere Wahrheit: Der Mensch allein kann das Leben nicht verstehen, doch in Gott findet er den wahren Sinn.

Und dann gibt es das Hohelied – eine Ode an die Liebe. Doch es ist nicht nur eine poetische Beschreibung der romantischen Liebe. Es ist eine Allegorie der Beziehung zwischen Gott und seinem Volk. Die Liebe, die darin besungen wird, ist die unaufhörliche Sehnsucht der Seele nach dem Schöpfer.

## Die Prophetenbücher – Mahnung, Hoffnung und göttliche Führung

Die Prophetenbücher sind die Stimme Gottes, gesprochen durch seine auserwählten Boten. Sie sind mehr als nur

Warnungen oder Verheißungen – sie sind ein Echo der göttlichen Ordnung, ein Spiegelbild der ewigen Weisheit, die das Universum durchdringt. Sie wurden in Zeiten von Unsicherheit, Rebellion und Hoffnung niedergeschrieben, oft unter widrigsten Umständen, doch stets mit dem Ziel, die göttliche Wahrheit zu bewahren.

Die Propheten sprachen im Auftrag Gottes, oft in Zeiten großer Not. Sie warnten das Volk Israel, wenn es sich von den göttlichen Geboten entfernte, und verkündeten das kommende Gericht. Doch sie waren nicht nur Mahner – sie waren auch Tröster, die von Vergebung und Wiederherstellung sprachen. Die Prophetenbücher wurden von jenen aufgeschrieben, die diese Botschaften empfingen und sie unter den Menschen verbreiteten. Manche wurden direkt von den Propheten selbst verfasst, andere durch ihre Schüler oder später von Gelehrten gesammelt und geordnet.

Unter den Propheten sticht Jesaja (Jeschajahu) als einer der größten hervor. Er lebte in einer Zeit, in der Israel in Sünde versank, und doch verkündete er nicht nur Warnungen, sondern auch die Hoffnung auf eine kommende Erlösung. Er sprach von einem kommenden Messias, einem Licht in der Dunkelheit, das die göttliche Ordnung wiederherstellen würde. Seine Worte hallten über Generationen hinweg nach und beeinflussten sowohl das jüdische als auch das christliche Verständnis von Erlösung.

Ein anderer großer Prophet war Jeremia (Jirmejahu), der oft als der "weinende Prophet" bezeichnet wird. Seine Botschaft war schwer zu tragen, denn er musste den Untergang Jerusalems ankündigen. Er warnte das Volk, dass sein Ungehorsam die Stadt in Trümmer legen würde, doch niemand hörte auf ihn. Als das babylonische Heer schließlich kam, sah Jeremia, wie seine Worte wahr wurden. Doch auch er sprach von einer zukünftigen Wiederherstellung – von einem neuen Bund, den Gott mit seinem Volk schließen würde.

Hesekiel (Jecheskel) wiederum empfing seine Visionen im Exil. Seine Worte waren nicht nur Warnungen, sondern auch tiefgehende Offenbarungen über die göttliche Ordnung. Er sah das Bild des wiederauflebenden Israels, das aus dem Tod des Exils zurück ins Leben gerufen wurde, wie trockene Knochen, die wieder Fleisch und Atem erhielten. Seine Visionen gaben Hoffnung in dunkler Zeit und ließen das Volk nicht in Verzweiflung zurück.

Und dann war da Daniel (Daniel), der Prophet der Offenbarungen. Seine Visionen reichten weit über seine Zeit hinaus. Er sah die kommenden Reiche, die sich erheben und fallen würden, er sprach von der Endzeit, von göttlichem Gericht und der endgültigen Wiederherstellung der göttlichen Ordnung. Er war ein Prophet in einem fremden Land, doch seine Worte überstiegen die Grenzen von Königreichen und Zeiten.

Neben diesen großen Propheten gab es viele andere, die als „die zwölf kleinen Propheten“ bekannt sind. Doch ihr Titel täuscht – denn ihre Worte waren alles andere als klein. Hosea sprach von Gottes unaufhörlicher Liebe, Amos von göttlicher Gerechtigkeit, Jona erlebte, dass Gott auch über andere Völker wacht, und Maleachi kündigte das kommende Gericht an. Jeder dieser Propheten brachte ein weiteres Puzzlestück zur göttlichen Offenbarung.

Die Niederschrift dieser Worte erfolgte oft in Zeiten der Verfolgung und Verzweiflung. Die Propheten sprachen ihre Botschaften inmitten von Kriegen, Exilen und gesellschaftlichem Chaos. Doch ihre Schüler und Anhänger hielten sie fest, schrieben sie auf, bewahrten sie in Schriftrollen. Manche dieser Rollen wurden in den Tempeln aufbewahrt, andere weitergetragen und erst später gesammelt. Das Alte Testament wurde nicht in einem einzigen Moment offenbart, sondern wuchs mit der Geschichte des Volkes Israel.

Die Prophetenbücher zeigen, dass Gott niemals schweigt. Er spricht durch seine Boten, durch Zeichen, durch Visionen – und immer wieder ruft er den Menschen zur Umkehr, zur Rückkehr zur göttlichen Ordnung. Diese Worte wurden über Jahrhunderte hinweg bewahrt, von Generation zu Generation weitergegeben. Und sie bleiben auch heute lebendig – als Zeugnis, dass das Universum von einer höheren Hand gelenkt wird und dass die göttliche Ordnung niemals vergeht.

## Die Stimme Gottes in den Zeiten der Prüfung

Die Bücher der Propheten sind nicht nur Berichte vergangener Ereignisse, sondern lebendige Botschaften an alle Generationen. Sie lehren, dass der Mensch immer wieder auf die göttliche Ordnung zurückkehren muss, dass Gott stets gegenwärtig ist und dass Hoffnung selbst in den dunkelsten Zeiten besteht. Sie sind ein Licht in der Dunkelheit, ein Echo der Liebe Gottes und ein Zeichen, dass das Universum nicht schweigt – sondern spricht, durch diejenigen, die bereit sind, zuzuhören.

## Die lebendige Ordnung Gottes

Das Alte Testament ist mehr als eine Sammlung alter Texte. Es ist eine lebendige Offenbarung, die zeigt, wie das Universum in göttlicher Ordnung existiert. Es erzählt von Aufstieg und Fall, von Triumph und Prüfungen, von Segen und Reue. Es zeigt, dass Gottes Liebe immer bleibt, auch wenn der Mensch sich entfernt. Es offenbart, dass alles, was geschieht, Teil eines größeren Plans ist – eines Plans, der durch Gerechtigkeit, Barmherzigkeit und die ewige Macht der Liebe bestimmt wird.

# Kapitel 3:

## Das Neue Testament

Das Neue Testament ist die schriftliche Zusammenfassung der Lehren, des Lebens und der Taten Jesu (Isa). Es bildet die Grundlage des christlichen Glaubens und ist zugleich ein historisches Zeugnis über das Wirken eines der bedeutendsten Propheten, dessen Botschaft die göttliche Liebe, Barmherzigkeit und Vergebung betonte. Im Gegensatz zum Alten Testament, das über Jahrhunderte hinweg entstand, wurde das Neue Testament innerhalb weniger Jahrzehnte nach Jesu Wirken niedergeschrieben, basierend auf mündlichen Überlieferungen seiner Jünger und Anhänger.

## Die Offenbarung des Neuen Testaments

Das Neue Testament wurde nicht in Form einer direkten göttlichen Offenbarung niedergeschrieben, wie es bei der Tora oder dem Koran der Fall ist. Vielmehr entstand es als eine Sammlung von Berichten über das Leben und die Lehren Jesu, seiner Wunder und seiner Auseinandersetzungen mit der damaligen religiösen und politischen Führung. Die Jünger Jesu und deren Schüler hielten seine Worte fest, um seine Botschaft für die kommenden Generationen zu bewahren. Die Texte wurden in Altgriechisch verfasst und später in zahlreiche Sprachen übersetzt.

## Das Neue Testament besteht aus vier Hauptteilen:

### Die Evangelien – Die Lebensgeschichte und Lehre Jesu

Die ersten vier Bücher des Neuen Testaments sind die Evangelien, die die Geschichte Jesu aus unterschiedlichen Perspektiven erzählen. Evangelium bedeutet „Gute Nachricht“, und diese Texte sind der Kern der christlichen Lehre.

## Die Geburt Jesu – Das göttliche Licht in der Dunkelheit

Die Geschichte Jesu beginnt nicht mit Macht und Herrlichkeit, sondern in der bescheidenen Stille eines Stalls in Bethlehem. Seine Mutter, Maria, eine junge Frau aus Nazareth, wurde von einem Engel besucht, der ihr offenbarte, dass sie durch den göttlichen Willen schwanger werden würde. Ihr Verlobter, Josef, zweifelte zunächst, doch ein Traum überzeugte ihn, dass das Kind, das sie tragen würde, von Gott gesandt sei.

In jenen Tagen befahl der römische Kaiser Augustus eine Volkszählung, weshalb Maria und Josef von Nazareth nach Bethlehem reisen mussten. In dieser Stadt, erfüllt von Geschichte und göttlicher Vorsehung, brachte Maria Jesus zur Welt. Kein Palast, keine prunkvolle Halle – sondern ein einfacher Stall, eine Krippe, Heu als Bett. Doch die wahre Größe zeigte sich nicht in der Umgebung, sondern im Moment selbst – denn mit der Geburt Jesu kam ein neues Licht in die Welt.

Diese heilige Nacht wurde nicht von Königen und Priestern gefeiert, sondern von einfachen Hirten, denen Engel erschienen und die frohe Botschaft verkündeten: „Ehre sei Gott in der Höhe und Frieden auf Erden den Menschen seines Wohlgefallens." Die Hirten eilten nach Bethlehem, um das göttliche Kind zu sehen. Zur gleichen Zeit erblickten weise Männer aus dem Osten, die als die Heiligen Drei Könige bekannt wurden, einen strahlenden Stern, der sie nach Bethlehem führte. Sie brachten Geschenke mit: Gold für den König, Weihrauch für die göttliche Natur Jesu und Myrrhe als Zeichen seines zukünftigen Leidens.

Doch mit seiner Geburt kam auch die Gefahr. König Herodes, der von den Worten der Weisen erfuhr, fürchtete um seine Macht und befahl die Tötung aller neugeborenen Knaben. Doch Gott wachte über Jesus. Ein Engel erschien Josef im Traum und befahl ihm, mit Maria und dem Kind nach Ägypten zu fliehen. Dort lebten sie, bis Herodes starb und die Gefahr vorüber war. Erst dann kehrten sie nach Nazareth zurück, wo Jesus in Weisheit und Gnade heranwuchs.

## Die Evangelien – Die Lehren und das Wirken Jesu

Jesus lebte und lehrte in einer Zeit großer Unruhe. Das Römische Reich herrschte mit eiserner Faust über das Heilige Land, und viele sehnten sich nach einem Erlöser, der sie befreien würde. Doch Jesus sprach nicht von einem politischen Aufstand oder von militärischer Macht. Seine Botschaft war eine andere – eine Revolution des Herzens. Er sprach von Liebe, von Vergebung, von einer göttlichen Ordnung, die nicht auf dem Gesetz der Gewalt, sondern auf dem Gesetz der Barmherzigkeit beruht.

Doch seine Worte wurden nicht von allen verstanden. Die religiösen Führer sahen in ihm eine Bedrohung, die römischen Statthalter fürchteten einen Aufstand. Dennoch predigte er weiter, und seine Anhänger spürten, dass sie in ihm etwas fanden, das größer war als alles, was sie bisher kannten. Er heilte Kranke, speiste die Hungernden, vergab Sündern und sprach von einem Reich Gottes, das in den Herzen der Menschen beginnt.

Das Matthäusevangelium beschreibt Jesus als den verheißungsvollen Messias des Alten Testaments. Es enthält die berühmte Bergpredigt, in der Jesus seine Lehre über Nächstenliebe, Demut und Vergebung darlegt.

Das Markusevangelium ist das älteste und direkteste der Evangelien. Es zeigt Jesus als Wundertäter und als den leidenden Gottesknecht.

Das Lukasevangelium betont Jesu Mitgefühl für die Armen und Ausgestoßenen. Es erzählt ausführlich von seiner Geburt, den Engeln, die Frieden verkünden, und den Hirten, die als erste Zeugen seiner Ankunft werden.

Das Johannesevangelium hebt besonders die spirituelle und göttliche Natur Jesu hervor. Es beginnt mit den berühmten Worten: „Im Anfang war das Wort, und das Wort war bei Gott, und das Wort war Gott.“ Dies zeigt, dass Jesus nicht nur ein Prophet war, sondern ein Träger des göttlichen Lichts, ein lebendiger Ausdruck der universellen Wahrheit.

Doch seine Lehren brachten ihm auch Feinde. Die Angst vor den römischen Herrschern, die Strenge der religiösen Elite – all das führte zu seiner Verfolgung. Doch selbst in den dunkelsten Momenten blieb Jesus seinen Prinzipien treu. Er wählte nicht den Weg des Hasses, sondern den Weg der Liebe.

## Die Apostelgeschichte – Die Verbreitung der Botschaft

Nach Jesu Himmelfahrt verbreiteten seine Jünger seine Lehren weiter. Die Apostelgeschichte erzählt, wie der Heilige Geist die Jünger inspirierte, um die christliche Bewegung zu einer weltweiten Botschaft zu machen.

Besonders wird das Wirken von Petrus, dem Anführer der frühen Christen, und Paulus, der das Evangelium über die jüdische Gemeinschaft hinaus zu den Heiden brachte, dargestellt.

Diese Phase der frühen Christenheit war geprägt von Verfolgung, aber auch von einem unerschütterlichen Glauben, dass die göttliche Wahrheit allen Menschen zugänglich gemacht werden sollte. Sie versteckten sich in Katakomben, hielten ihre Treffen im Geheimen ab, doch ihr Glaube ließ sie weitergehen. Sie wussten, dass ihre Mission größer war als sie selbst. Die Liebe Gottes trieb sie an, die Hoffnung auf eine bessere Welt ließ sie standhaft bleiben.

## Die Briefe – Anweisungen für die frühen Gemeinden

Die Briefe, auch als Episteln bekannt, wurden von Aposteln wie Paulus, Petrus und Jakobus verfasst und dienten dazu, die wachsenden christlichen Gemeinden in ihrem Glauben zu stärken und sie auf den rechten Weg zu führen. Sie sind nicht nur Anleitungen, sondern auch persönliche Zeugnisse eines Glaubens, der in einer Welt voller Zweifel und Angst überlebte.

Paulus' Briefe richteten sich an Gemeinden in Rom, Korinth, Galatien und anderen Städten und erklärten die Bedeutung von Glaube, Gnade und Erlösung. Er sprach von der unermesslichen Liebe Gottes, die nicht durch Werke, sondern durch den Glauben allein zu erfassen sei.

Die katholischen Briefe von Petrus, Johannes und Jakobus betonten die Tugenden des christlichen Lebens und die

Notwendigkeit der Standhaftigkeit im Glauben. Sie erinnerten die Gläubigen daran, dass sie nicht alleine waren – dass das Universum, die göttliche Ordnung, mit ihnen war.

## Das Vermächtnis des Neuen Testaments

Das Neue Testament bleibt eine der einflussreichsten Schriften der Menschheitsgeschichte. Es verkündet eine Botschaft der Liebe, Vergebung und göttlichen Nähe. Es fordert die Menschen auf, nicht nur an Gesetze zu glauben, sondern das Gesetz der Liebe in ihr Herz zu tragen. Während das Alte Testament die göttliche Ordnung und Gerechtigkeit betonte, ergänzt das Neue Testament dies durch den Gedanken der Barmherzigkeit und Erlösung.

In einer Zeit der Angst, in einer Welt der Unterdrückung, bot Jesus eine Alternative – eine Lehre, die das Herz der Menschen erreichte. Sie sprach von einer göttlichen Ordnung, die nicht auf Macht, sondern auf Liebe gründete.

Seine Worte, die ursprünglich durch mündliche Überlieferung weitergegeben wurden, haben über Jahrhunderte hinweg Generationen inspiriert und bleiben ein lebendiges Zeugnis der göttlichen Weisheit.

# Kapitel 4:

Der Koran ist die letzte göttliche Offenbarung, die durch den Propheten Mohammed (Frieden sei auf ihm) empfangen wurde. Er wird im Islam als direkte und unverfälschte Botschaft Gottes betrachtet, die in ihrer ursprünglichen Sprache, dem Arabischen, bis heute bewahrt blieb. Der Koran fasst die vorherigen Offenbarungen zusammen, korrigiert Missverständnisse und bietet eine abschließende Anleitung für das spirituelle und ethische Leben der Menschheit.

## Der Koran: Unübersetzbar, doch allumfassend in Liebe und Vertrauen

Der Koran gilt im Islam als das unverfälschte Wort Allahs, das in seiner ursprünglichen arabischen Form offenbart wurde. Durch die jahrhundertelange mündliche und schriftliche Überlieferung ist er in jeder Sure, jedem Vers, jedem Buchstaben geschützt und als heilige Offenbarung unantastbar.

Viele Menschen fragen sich, warum es heißt, dass der Koran nicht wirklich übersetzbar sei. In der Tat existieren zahlreiche Übertragungen in andere Sprachen, doch sie sind eher Deutungen oder Erläuterungen als 1:1-Übersetzungen. Das Arabische des Korans trägt einen einzigartigen Rhythmus, eine Sprachmelodie und eine mehrdimensionale Bedeutung, die selbst von Muttersprachlern auf verschiedene Weisen empfunden wird. So wie jeder Mensch den Himmel anders betrachtet, erfährt auch jeder Gläubige den Koran auf seine ganz persönliche Art.

Ein Dichter mag in den Wolken Poesie entdecken, ein Verliebter sieht Zeichen der Liebe, ein fleißiger Arbeiter erkennt darin Werkzeuge zum Bauen und ein Kriegstreiber könnte Waffenumrisse imaginieren.

Dieselbe Wolkenformation, doch unzählige Perspektiven. Genauso verhält es sich mit den Worten des Korans: sie sind so tief und voller Bedeutungen, dass jede Lesende Person sie anders aufnimmt, je nach Herz und Verfassung. Der Koran ist lebendige Offenbarung, die den Menschen auf seinem jeweiligen Erkenntnisstand abholt und ihn in der Beziehung zu Gott wachsen lässt.

Darum ist es nicht der exakte „Wortlaut“ in anderen Sprachen, der den Koran definiert, sondern das arabische Original, das in seiner Rezitation eine spirituelle Kraft freisetzt. Jeder, der ihn im Gebet oder in der stillen Andacht rezitiert, macht eine schöpferische Erfahrung: So wie die Stimme ins Universum dringt, geht auch die Botschaft in das eigene Herz. Denn was wir ins Universum geben, kehrt zu uns zurück – in neuer Klarheit, in tieferem Verständnis.

Der Koran ist Manifestation göttlicher Liebe und Barmherzigkeit für jene, die glauben und Gott vertrauen. Er öffnet den Horizont zur Unendlichkeit, indem er die innige Verbindung zwischen Mensch und Schöpfer lebendig hält. Wer die Sure im Original rezitiert, eint sein Herz mit den göttlichen Worten, und das Universum selbst scheint mitzuschwingen – so, als bestätigte es, dass diese Liebesbotschaft ewig und wahr ist.

Mir wurde eine tiefe Bewusstheit über die Existenz und Bedeutung des Korans direkt in mein Herz gelegt. Obwohl ich nicht in der Lage bin, jede Sure in ihrem arabischen Urklang zu lesen, spüre ich doch eine innige Verbindung zu Allah und seinem Propheten. In meinem Innersten weiß ich, dass es nicht der genaue Wortlaut ist, der mich zum Glauben führt, sondern die Liebe, die darin schwingt, und das Vertrauen, das ich in jedem Vers atme.

Ich danke Allah dafür, dass Er mir dieses Bewusstsein geschenkt hat, und ich verneige mich voller Ehrfurcht vor den Offenbarungen, die durch Seinen Propheten in die Welt gebracht wurden. Gott sieht meine Absicht und erkennt, wie ich den Suren begegne – mit offenem Herzen und dem Verlangen, Seine Nähe und Barmherzigkeit zu spüren.

In diesem Einvernehmen verschmelzen Himmel und Erde für mich zu einem einzigen Raum der Anbetung. Wenn ich an den Koran denke oder die Sure in Gedanken rezitiere, ist es so, als sende ich eine Botschaft aus Liebe und Dank in das Universum – und das Universum antwortet, indem es mich in Gottes Frieden und Gnade stärkt. So wird jede Sure, auch wenn ich ihre Worte nicht verstehen kann, zu einem Weg, der mich näher zu Allah führt, weil Er in mir wohnt und jede Regung meines Herzens kennt.

## Die Entstehung des Korans

Die Offenbarungen des Korans wurden Mohammed (Frieden sei auf ihm) über einen Zeitraum von 23 Jahren durch den Engel Gabriel übermittelt. Diese Verse wurden zunächst mündlich weitergegeben und später von seinen Gefährten niedergeschrieben und gesammelt. Der dritte Kalif, Uthman ibn Affan, ließ schließlich eine einheitliche schriftliche Version des Korans anfertigen, um Abweichungen in der Rezitation zu verhindern. Seitdem wurde der Koran unverändert überliefert und bleibt das Herzstück des islamischen Glaubens.

## Die Struktur des Korans

Der Koran besteht aus 114 Suren (Kapiteln) mit insgesamt über 6200 Versen (Ayat). Die Suren unterscheiden sich in Länge und Inhalt und sind nicht chronologisch, sondern nach abnehmender Länge (mit einigen Ausnahmen) geordnet. Er gliedert sich in mekkanische und medinensische Suren:

### Mekkanische Suren:

Diese wurden während der frühen Jahre der Offenbarung in Mekka herabgesandt. Sie konzentrieren sich auf den Monotheismus, die Einheit Gottes, das Jenseits und die moralische Läuterung des Individuums.

### Medinensische Suren:

Diese wurden nach der Auswanderung nach Medina offenbart und behandeln gesetzliche Bestimmungen, soziale Ordnung und die Regelungen der islamischen Gemeinschaft.

## Erklärung zu den Beschreibungen der Suren

Ich möchte dem Leser verdeutlichen, dass die nachfolgenden Beschreibungen der Suren ausschließlich als Orientierung dienen, um den Umfang des Korans zu vermitteln. Jede Sure ist zeitlos: Sie gilt in Vergangenheit, Gegenwart und Zukunft und spiegelt die Realität des Glaubens in ihrer ganzen Weite wider. Darüber hinaus offenbart sie die Macht der Liebe im lebendigen Universum.

In diesen kurzen Darstellungen geht es weniger um eine wortwörtliche Wiedergabe der Verse als um die Wirkung, die sie entfalten können. So wie der Koran selbst in seiner arabischen Ursprache unverfälscht und unveränderlich bleibt, so bleibt auch der Zugang zu jeder Sure eine persönliche Reise voller Vertrauen und Hingabe. Die Liebe zu Gott, die bedingungslose Ehrfurcht vor Seinen

Worten und die Anerkennung der göttlichen Ordnung im Universum stehen dabei im Zentrum.

Möge diese Orientierung helfen, tiefer in die spirituelle Botschaft der Suren einzutauchen, ohne den Anspruch zu erheben, ihren ganzen Sinn zu erfassen – denn Gottes Wort ist grenzenlos und wird jedem Herzen auf seine eigene Weise offenbar. Ich gebe nur einen Wegweiser, aber die wahre Entdeckung vollzieht sich in der eigenen inneren Begegnung mit dem Koran.

## 1. Al-Fatiha (Die Eröffnende)

Al-Fatiha ist die erste Sure des Korans und wird als die „Mutter des Buches" bezeichnet. Sie besteht aus sieben Versen und gilt als die wichtigste Sure im Gebet. Sie ist ein Lobpreis Gottes, eine Bitte um Rechtleitung und eine Erinnerung an die Barmherzigkeit des Schöpfers. Diese Sure verbindet die göttliche Macht mit der unermesslichen Liebe, die den Menschen durch das Universum leitet. Jeder, der sich im Gebet dieser Sure zuwendet, öffnet sein Herz für die unendliche Kraft der göttlichen Liebe.

## 2. Al-Baqara (Die Kuh)

Die längste Sure des Korans mit 286 Versen enthält viele der grundlegenden Gesetze und Prinzipien des islamischen Glaubens. Sie behandelt Themen wie den Monotheismus, das Gebet, das Fasten, die Pilgerfahrt, ethische Gebote, wirtschaftliche Vorschriften und die Geschichte der Kinder Israels. Sie zeigt, dass das Universum nach göttlicher Ordnung erschaffen wurde und dass der Mensch dazu berufen ist, in dieser Ordnung zu leben. Der Glaube an Gott ist das Fundament eines harmonischen Daseins.

## 3. Aal-Imran (Die Familie Imrans)

Diese Sure thematisiert die Familie von Imran, zu der auch Maria (Maryam) und Jesus (Isa) gehören. Sie betont den Glauben an die vorherigen Offenbarungen und hebt die Wichtigkeit der Geduld und des Vertrauens in Gottes Plan hervor. Diese Sure offenbart, dass göttliche Liebe in jeder Familie, in jedem Neugeborenen und in jedem reinen Herzen ihren Platz findet. Das Universum trägt diese Liebe weiter und schützt jene, die auf den Pfad Gottes vertrauen.

## 4. An-Nisa (Die Frauen)

Diese Sure konzentriert sich auf soziale und familiäre Gesetze, insbesondere die Rechte von Frauen, Waisen und Erbschaftsregelungen. Sie unterstreicht die Notwendigkeit von Gerechtigkeit und ethischem Verhalten im gesellschaftlichen Leben. Die Macht der Liebe zeigt sich in der Fürsorge füreinander, in Respekt und Gleichberechtigung. Gott hat das Universum in Harmonie geschaffen, und nur durch bedingungslose Liebe kann diese Ordnung erhalten bleiben.

## 5. Al-Maida (Der Tisch)

Diese Sure enthält viele der endgültigen göttlichen Gebote, darunter Speisevorschriften, Gesetze zur Strafverfolgung und den Umgang mit anderen Religionen. Sie unterstreicht die Barmherzigkeit und die Strenge Gottes gleichermaßen. Der Tisch symbolisiert die

Versorgung und den Segen, den Gott allen Menschen schenkt. Liebe und Dankbarkeit sind die Grundpfeiler des Glaubens und halten die göttliche Ordnung aufrecht.

## 6. Al-An'am (Das Vieh)

Al-An'am ruft zur Reflexion über die Schöpfung auf und hebt die Zeichen Gottes hervor. Sie warnt vor dem Götzendienst und betont die Wichtigkeit des reinen Monotheismus. Jedes Geschöpf ist ein Ausdruck der göttlichen Liebe, und das Universum existiert als ein harmonischer Organismus, in dem jedes Lebewesen seine Rolle erfüllt. Die Achtung vor Gottes Schöpfung ist ein Zeichen wahrer Liebe und Ehrfurcht.

## 7. Al-A'raf (Die Höhen)

Diese Sure schildert die Geschichten vergangener Propheten und ihrer Völker. Sie zeigt die Konsequenzen des Ungehorsams gegenüber Gott und hebt die Prüfungen hervor, denen die Gläubigen ausgesetzt werden. Die Höhen stehen symbolisch für spirituelle Erhebung, die nur durch den festen Glauben und die bedingungslose Liebe zu Gott erreicht werden kann. Das Universum belohnt jene, die auf den rechten Pfad wandeln, mit innerem Frieden und Erleuchtung.

## 8. Al-Anfal (Die Beute)

Diese Sure behandelt die ethischen Regeln des Krieges und der Verteilung von Kriegsbeute. Sie betont, dass der wahre Sieg nicht in materiellen Gewinnen liegt, sondern in der Nähe zu Gott. Die größte Beute, die der Mensch erlangen kann, ist nicht Gold oder Macht, sondern die

Liebe Gottes. Nur durch sie kann das Universum in Einklang und Harmonie bestehen.

## 9. At-Tauba (Die Reue)

At-Tauba ist die einzige Sure ohne die übliche Einleitung „Im Namen Gottes, des Allerbarmers, des Barmherzigen". Sie ruft zur Reinigung des Glaubens von Heuchelei auf und behandelt die politischen und militärischen Herausforderungen der frühen muslimischen Gemeinschaft. Die Reue ist der Beweis dafür, dass die göttliche Liebe unendlich ist. Sie zeigt, dass das Universum niemals aufhört, den Menschen Chancen zur Umkehr zu geben.

## 10. Yunus (Jonas)

Diese Sure erzählt die Geschichte des Propheten Jonas (Yunus), der aus seiner Stadt floh und von einem großen Fisch verschluckt wurde. Sie betont, dass wahre Reue immer zur göttlichen Vergebung führt. Jonas' Aufenthalt im Bauch des Fisches symbolisiert die Dunkelheit, die den Menschen ohne die göttliche Liebe umgibt. Das Universum antwortet mit Errettung, wenn der Mensch aus tiefstem Herzen zu Gott zurückkehrt.

## 11. Hud

Diese Sure beschreibt die Prüfungen und Herausforderungen verschiedener Propheten und ihrer Völker. Sie ruft zur Geduld und Standhaftigkeit im Glauben auf. Sie zeigt, dass das Universum nur dann in Harmonie bleibt, wenn die göttlichen Prinzipien nicht missachtet werden. Gottes Liebe ist eine ständige

Erinnerung daran, dass jede Prüfung eine Chance auf spirituelles Wachstum ist.

## 12. Yusuf (Joseph)

Eine der schönsten Erzählungen des Korans, die die Lebensgeschichte des Propheten Josef (Yusuf) schildert. Sie erzählt von Verrat, Geduld, göttlicher Führung und der letztendlichen Wiederherstellung der Gerechtigkeit. Josef wurde in einen Brunnen geworfen, doch Gottes Liebe ließ ihn aufsteigen. So wie das Universum Höhen und Tiefen kennt, so wird der wahre Gläubige geprüft, aber niemals verlassen.

## 13. Ar-Ra'd (Der Donner)

Diese Sure beschreibt die gewaltige Kraft Gottes, die sich in der Natur zeigt. Der Donner ist ein Symbol für die göttliche Macht, die das Universum durchdringt und gleichzeitig ein Zeichen der Ermahnung für die Menschen. Sie betont, dass der wahre Glaube nur in den Herzen jener wächst, die sich der Liebe und Barmherzigkeit Gottes hingeben. Das Universum lebt im Einklang mit Gottes Willen, und die Menschen sind eingeladen, durch Vertrauen und Liebe ihren Platz in dieser Ordnung zu finden.

## 14. Ibrahim (Abraham)

Diese Sure ist nach dem Propheten Abraham (Ibrahim) benannt und schildert seine innige Beziehung zu Gott. Sie erzählt von seinen Prüfungen, seiner absoluten Hingabe und seinem tiefen Vertrauen in den Schöpfer. Abraham ist ein Symbol für unerschütterlichen Glauben und göttliche

Liebe. Das Universum selbst bezeugt seine Ergebenheit, denn jede seiner Handlungen spiegelt die Ordnung wider, die Gott in die Welt gelegt hat. Sie zeigt, dass wahre Liebe zu Gott bedeutet, sich ganz seiner Führung anzuvertrauen. Durch diesen Glauben entsteht eine spirituelle Verbindung, die stärker ist als jede irdische Herausforderung.

## 15. Al-Hidschr (Das Felsengebiet)

Diese Sure trägt ihren Namen nach dem Felsengebiet, in dem einst das Volk von Thamud lebte, das sich gegen den Propheten Salih auflehnte. Sie schildert, wie Hochmut und Unglaube zum Untergang führen, während die, die an Gottes Barmherzigkeit glauben, gerettet werden. Inmitten harter Felsen und vermeintlich unzugänglicher Orte zeigt sich die zähe Kraft der göttlichen Liebe. So wie die Erde im Felsen Wasser birgt, trägt das Universum die unendliche Gnade Gottes, die dem Menschen Halt und Hoffnung schenkt.

## 16. An-Nahl (Die Biene)

Der Titel dieser Sure verweist auf die Biene als eines der zahllosen Zeichen Gottes in der Natur. Sie ruft zur Dankbarkeit auf und erinnert den Menschen daran, dass jedes Lebewesen nach einem göttlichen Plan erschaffen ist. Die Bienen, die in harmonischer Gemeinschaft leben, symbolisieren, wie bedingungslose Liebe und Zusammenhalt das Universum im Gleichgewicht halten. Die Sure betont, dass wahre Glückseligkeit nicht in äußerem Reichtum, sondern in der Liebe zu Gott und in der Fürsorge füreinander liegt.

## 17. Al-Isra (Die Nachtreise)

Diese Sure beschreibt die wundersame Nachtreise des Propheten Mohammed (Frieden sei auf ihm) von der Kaaba in Mekka zur al-Aqsa-Moschee in Jerusalem und seine anschließende Himmelfahrt. Sie betont ethische Gebote wie den Respekt vor Eltern, die Ehrlichkeit und die Meidung von Hochmut. Die Nacht der Reise steht sinnbildlich für die Dunkelheit, in der das Licht Gottes hervorbricht, um den Menschen zum himmlischen Ursprung zu führen. Das Universum offenbart in jeder Faser die göttliche Allmacht, die stets Liebe und Barmherzigkeit einschließt.

## 18. Al-Kahf (Die Höhle)

Verschiedene Erzählungen werden in dieser Sure vereint, darunter die Geschichte der jungen Männer, die vor ihrer gottlosen Umwelt in eine Höhle flüchteten und dort Jahrhunderte schliefen. Al-Kahf lehrt die Bedeutung von Geduld, Demut und Vertrauen in die göttliche Weisheit. Die Höhle selbst ist ein Ort der Sicherheit und Ruhe, ein Symbol für die menschliche Seele, die in Gott Zuflucht findet. Das Universum, so bedrohlich es auch erscheinen mag, birgt immer Rückzugsorte für jene, die die Liebe des Schöpfers suchen.

## 19. Maryam (Maria)

Diese Sure widmet sich in großen Teilen Maria (Maryam) und der wundersamen Geburt Jesu (Isa). Sie stellt die Reinheit und Auserwählung Marias heraus und betont ihre tiefe Ergebenheit an Gott. Die Geburt Jesu ist ein Zeichen der göttlichen Barmherzigkeit, die das Universum in

Bewegung setzt, um die Verheißung zu erfüllen. Inmitten von Angst und Einsamkeit führt die Liebe Gottes Maria zu einer Quelle, die ihr und ihrem Kind Nahrung und Schutz bietet.

## 20. Ta-Ha

In Ta-Ha steht Moses (Musa) im Zentrum, dessen Begegnung mit Gott am brennenden Dornbusch und seine Mission, das Volk Israel aus der Unterdrückung zu führen. Die Sure unterstreicht, dass nur der Glaube und die Liebe zu Gott den Menschen inmitten der größten Herausforderungen tragen können. Moses' Stab, der zum Zeichen göttlicher Macht wird, symbolisiert, wie das Universum selbst gehorcht, wenn die Liebe und der Wille Gottes wirken.

## 21. Al-Anbiya (Die Propheten)

Diese Sure vereint die Geschichten vieler Propheten, von Adam bis Jesus (Isa), und zeigt, wie sie alle die gleiche Botschaft der Einheit Gottes brachten. Sie macht deutlich, dass das Universum und alle darin existierenden Wesen nach einem einzigen, göttlichen Plan gestaltet sind. Jede Prophetengeschichte ist ein Beweis für die bedingungslose Liebe und den niemals endenden Bund Gottes mit den Menschen.

## 22. Al-Haddsch (Die Pilgerfahrt)

Der Name dieser Sure nimmt Bezug auf die Pilgerfahrt nach Mekka (Hadsch). Sie beschreibt die Rituale und den tieferen Sinn der Pilgerfahrt, die eine symbolische Rückkehr zu Gott ist. Sie erinnert den Menschen daran, dass das Universum in stetiger Bewegung ist, und jeder Schritt, den der Pilger macht, ist ein Bekenntnis zur göttlichen Liebe und Hingabe. In der Gemeinschaft der Pilger zeigt sich das Ideal von Gleichheit und Nächstenliebe.

## 23. Al-Mu'minun (Die Gläubigen)

Diese Sure definiert die Eigenschaften wahrer Gläubiger – Demut im Gebet, Abwendung vom Sinnlosen und einen aufrichtigen Lebenswandel. Sie betont, dass der Mensch im Einklang mit dem Universum nur leben kann, wenn er die Liebe zu Gott und seinen Geschöpfen ins Zentrum stellt. Die Belohnung für diese Treue ist innere Ruhe und Frieden.

## 24. An-Nur (Das Licht)

An-Nur fokussiert sich auf moralische Reinheit, gesellschaftliche Regeln und den Umgang miteinander. Das Licht, von dem sie spricht, ist die göttliche Wahrheit, die alles Dunkle erhellt. Wer sich nach diesem Licht sehnt und daran festhält, erfährt die bedingungslose Liebe Gottes. So wie die Sonne das Universum erhellt, so strahlt die Liebe Gottes in den Herzen der Gläubigen.

## 25. Al-Furqan (Die Unterscheidung)

Der Begriff "Furqan" bezieht sich auf die Offenbarung, die zwischen Wahrheit und Falschheit unterscheidet. Diese

Sure unterstreicht, dass Gottes Wort dem Menschen einen klaren Weg durch das Leben weist und die Dunkelheit der Unwissenheit vertreibt. Wer sich der Liebe Gottes zuwendet, wird geleitet, selbst wenn das Universum in Chaos zu versinken droht. Die Unterscheidung, die hier gemeint ist, bezieht sich auf die Fähigkeit, im Lichte des Glaubens das Richtige vom Falschen zu trennen.

## 26. Asch-Schu'ara (Die Dichter)

Diese Sure verdankt ihren Namen den Versen, in denen die Dichter erwähnt werden. Sie schildert, wie verschiedene Propheten – darunter Mose (Musa), Abraham (Ibrahim) und Noah (Nuh) – ihre Botschaft unter Völkern verkündeten, die sich oft durch Hochmut und Unglauben auszeichneten. Die Dichter selbst werden gewarnt, ihre Gabe nicht für Eitelkeit zu missbrauchen, sondern die Macht der Sprache im Einklang mit der Liebe und Ordnung Gottes zu nutzen. **Das** Universum, gefüllt mit Worten und Klängen, ist ein Spiegel göttlicher Kreativität, die durch bedingungslosen Glauben und Liebe zum Ausdruck kommen kann.

## 27. An-Naml (Die Ameisen)

Benannt nach der Episode, in der Salomo (Sulaiman) den Dialog einer Ameise hört, hebt diese Sure die Wunder der Schöpfung und die besondere Weisheit Salomos hervor. Die Erkundung des Königreichs von Saba und die Geschichte von Königin Bilqis zeigen, dass selbst Mächtige sich der göttlichen Ordnung beugen müssen. Die Ameisen, klein und vermeintlich unbedeutend, erinnern an die Liebe Gottes, die sich über das ganze Universum erstreckt – kein Wesen ist zu klein, um von Seiner Gnade berührt zu werden.

## 28. Al-Qasas (Die Erzählung)

Der Name dieser Sure bedeutet „Die Geschichte", da sie reich an Erzählungen ist, insbesondere über Moses (Musa). Sie schildert Moses' Geburt, seine Erziehung im Palast des Pharaos, seine Flucht und seine Rückkehr als Prophet. Die Sure zeigt, wie Gottes Fügung in jedem Moment gegenwärtig ist, auch wenn der Mensch sie nicht erkennt. Die Macht der Liebe, die Moses' Mutter empfand, und die Hingabe, mit der er sich später Gott zuwendet, spiegelt die tiefe Verbindung wider, die das Universum und alle Geschöpfe mit dem Schöpfer vereint.

## 29. Al-Ankabut (Die Spinne)

Diese Sure thematisiert Prüfungen des Glaubens und verweist im Titel auf das Spinnennetz, das zwar kunstvoll, aber auch zerbrechlich ist. So ist das Leben des Menschen: scheinbar stabil, doch ohne festen Glauben an Gott kann es leicht zerfallen. Die Sure erinnert an das Vorbild früher Propheten und wie sie in Zeiten der Anfechtung ihren Glauben an die göttliche Liebe bewahrten. Das Universum offenbart in jeder Seidenfaser der Spinne die Zerbrechlichkeit des Menschen und die Beständigkeit Gottes.

## 30. Ar-Rum (Die Römer)

Hier wird auf den Konflikt zwischen den Römern und den Persern Bezug genommen, und es wird prophezeit, dass die Römer trotz einer Niederlage wieder siegen werden. Diese historische Begebenheit wird als Zeichen Gottes dargestellt: Er lenkt die Geschicke von Nationen und Völkern, wobei der Glaube stets das wahre Kriterium ist. Die Surenverse erinnern daran, dass die wahre Macht nicht in politischen Siegen liegt, sondern im Vertrauen auf die göttliche Liebe, die das Universum durchströmt.

### 31. Luqman

Diese Sure ist nach dem Weisen Luqman benannt, der seinem Sohn Ratschläge für ein rechtschaffenes Leben gibt. Er betont Dankbarkeit, Bescheidenheit und das Wissen, dass Gott alles sieht und weiß. Luqmans Worte spiegeln die zärtliche Liebe eines Vaters wider, die zugleich ein Abbild der göttlichen Fürsorge ist. Das Universum ist ein Ort, an dem jeder Ratschlag, der in Liebe gegeben wird, Früchte trägt, sofern der Mensch sein Herz für die Weisheit Gottes öffnet.

## 32. As-Sajdah (Die Niederwerfung)

Diese Sure ist für ihren Vers bekannt, bei dem es sich empfiehlt, eine Niederwerfung vor Gott zu vollziehen. Sie verweist darauf, dass die Schöpfung in sechs „Tagen“ oder Phasen erfolgte und dass die Niederwerfung ein Zeichen der Hingabe an die göttliche Ordnung ist. In dieser Geste der Demut erkennt der Mensch seine Stellung im Universum: ein Geschöpf, das durch Liebe geformt wurde und durch Liebe am Leben gehalten wird.

## 33. Al-Ahzab (Die Verbündeten)

Benannt nach der Schlacht der Gräben (Ahzab), in der die Muslime sich gegen eine Übermacht verbündeter Feinde verteidigten. Die Sure behandelt Themen wie Ehestiftung, Anstand und die Beziehung zum Propheten Mohammed (Frieden sei auf ihm). Sie zeigt, wie Liebe, Zusammenhalt und Gottvertrauen selbst die stärksten Feinde besiegen können. Das Universum selbst steht denen bei, die in Aufrichtigkeit und Demut handeln.

## 34. Saba' (Sabaa)

Diese Sure greift die Geschichte des Volkes von Saba auf, das einst in Wohlstand lebte, bis Undank und Sünde zum Verfall führten. Sie mahnt, dass materieller Reichtum ohne Dankbarkeit und Glauben wertlos ist. Das Universum ist erfüllt von Gaben, die Gott uns schenkt – doch ohne Liebe und Demut kann dieser Segen in einen Fluch umschlagen. Nur wer Gottes Liebe in sein Herz lässt, erkennt den wahren Wert des irdischen Lebens.

## 35. Fatir (Der Schöpfer)

Diese Sure dreht sich um den Schöpfer und die vollkommene Harmonie seiner Schöpfung. Fatir erklärt, dass alle Engel, alle Naturgewalten, ja das gesamte Universum, Gottes Willen dienen. Der Mensch, gesegnet mit der Fähigkeit zu lieben, kann sich diesem kosmischen Lobgesang anschließen. Liebe und Glaube führen zu einem Leben in Dankbarkeit und bewirken, dass der Mensch seine wahre Bestimmung erkennt: als Geschöpf in inniger Verbindung mit dem Schöpfer.

## 36. Ya-Sin

Diese Sure wird oft als das „Herz des Korans“ bezeichnet. Sie thematisiert sowohl Gottes Allmacht als auch die Vergänglichkeit des menschlichen Lebens. Viele Muslime rezitieren sie, um Trost zu finden oder an die Endlichkeit der Welt zu erinnern. Der Name „Ya-Sin“ selbst gilt als einer der geheimnisvollen Buchstaben im Koran. Diese Sure unterstreicht, wie Gottes Liebe sich in jedem Augenblick offenbart, selbst wenn der Mensch sie nicht sofort erkennt. Das Universum, mit all seinen Abläufen und Zeiten, folgt Gottes Plan, und jene, die seine Zeichen achten, finden inmitten dieser Vergänglichkeit Beständigkeit und Hoffnung.

## 37. As-Saffat (Die sich Reihenden)

Diese Sure trägt ihren Namen nach den Engeln, die in geordneten Reihen vor Gott stehen. Sie hebt die spirituelle Dimension der Anbetung hervor und erinnert den Menschen daran, dass auch er Teil einer großen, harmonischen Ordnung ist, in der sich alles Seiende vor dem Schöpfer verneigt. Die Sure enthält zudem Erzählungen über frühere Propheten wie Noah (Nuh), Abraham (Ibrahim) und Moses (Musa), die in prägenden Momenten des Zweifels und der Prüfung ihre bedingungslose Liebe zu Gott bewiesen.

Die Reihung der Engel ist ein Sinnbild für die vollkommene Harmonie des Universums, das in geregelten Bahnen seinen Dienst verrichtet. Der Mensch wird aufgefordert, sich dieser geistigen Ordnung anzuschließen, indem er die Macht der Liebe und des

Glaubens in sein Herz lässt und dadurch Teil des kosmischen Lobgesangs wird. Das Vertrauen in den göttlichen Plan erhebt den Menschen aus Irdischem und führt ihn zu der Erkenntnis, dass jedes Detail der Schöpfung von Gottes Barmherzigkeit und Allmacht durchdrungen ist.

## 38. Sad (Sād)

Diese Sure trägt den Namen eines der geheimnisvollen Buchstaben des Korans: Sād. Im Mittelpunkt stehen hier Geschichten von Propheten wie David (Dawud) und Salomo (Sulaiman), deren Leben von Prüfungen, königlicher Verantwortung und tiefer Hingabe an Gott geprägt war. Auch Hiob (Ayyub) wird erwähnt, dessen Geschichte von Leid und Ausdauer ein bedeutendes Beispiel für den unerschütterlichen Glauben und die bedingungslose Liebe zu Gott ist.

In Sad zeigt sich, wie Gottes Gnade inmitten menschlicher Schwäche erstrahlt. Egal ob in der Macht eines Königs oder in der Demut eines Geprüften – das Universum folgt dem Willen Gottes, der immer von Barmherzigkeit und Liebe geprägt ist. Wer seine Kraft und seinen Erfolg allein Gott zuschreibt, wird erfahren, dass diese Welt nur eine Brücke zur nächsten ist, wo die wahre Gerechtigkeit und Harmonie offenbar werden. Das Symbol des Buchstabens Sād lädt den Menschen ein, tiefer über die Worte Gottes nachzudenken und die kosmische Ordnung in ihrem Innersten zu erkennen.

## 39. Az-Zumar (Die Scharen)

Diese Sure trägt ihren Namen nach den Gruppen oder Scharen von Menschen, die sich am Jüngsten Tag versammeln, um ihr endgültiges Urteil zu empfangen. Sie betont den reinen Glauben (Ikhlas) und die Notwendigkeit, die Religion aufrichtig nur Gott zu widmen. Hier wird deutlich, dass die wahre Verbindung zwischen Gott und Mensch in der ehrlichen Hingabe liegt: kein Stolz, kein Blendwerk, sondern eine Liebe, die das Universum durchdringt.

Az-Zumar verdeutlicht, dass Gott die Tür zur Reue stets offenhält. Wer sich in Demut an ihn wendet, wird in seiner endlosen Barmherzigkeit Zuflucht finden. In den geordneten Scharen zeigt sich das Bild einer harmonischen Weltordnung, in der jedes Geschöpf am Ende seines Weges vor Gott steht. Diese kosmische Ordnung lädt zum Nachdenken darüber ein, dass jede Tat des Menschen Wellen im Universum schlägt, und nur die Tat der Liebe wird schließlich zum ewigen Licht.

## 40. Ghafir (Der Vergebende) / Al-Mu'min (Der Gläubige)

Diese Sure ist auch als "Al-Mu'min" bekannt, weil sie von einem "gläubigen Mann" an Pharaos Hof erzählt, der heimlich an die Botschaft Moses (Musa) glaubte. Zugleich weist der Name "Ghafir" auf Gottes vergebende Natur hin. Die Sure ruft die Menschen dazu auf, sich nicht von Unglauben und Hochmut blenden zu lassen, denn Gottes Vergebung umschließt alle, die von ganzem Herzen zu ihm zurückkehren.

In Ghafir/Al-Mu'min zeigt sich die unbesiegbare Kraft des Glaubens selbst in einer scheinbar aussichtslosen Umgebung. Das Universum gehorcht dem einen Schöpfer, und selbst in den Häusern der Mächtigen kann ein verstecktes Licht der Wahrheit brennen. Die Macht der Liebe besiegt alle Hindernisse, wenn der Mensch sich vorbehaltlos Gott anvertraut.

## 41. Fussilat (Ausführlich dargelegt)

Hier wird darauf verwiesen, dass die Zeichen Gottes "ausführlich dargelegt" werden. Die Sure betont, wie klar und verständlich Gottes Botschaft ist, wenn man nur das Herz öffnet und bereit ist, zu verstehen. Das Universum ist voller Hinweise auf den Schöpfer: in jedem Baum, jedem Sonnenaufgang, jedem Atemzug. Fussilat zeigt, dass die Offenbarung selbst ein Beleg für Gottes Liebe ist, eine helfende Hand, um den Weg in der Dunkelheit zu finden.

## 42. Asch-Schura (Die Beratung)

Diese Sure trägt den Titel "Die Beratung" und unterstreicht die Wichtigkeit des gemeinschaftlichen Austauschs und der Konsultation im islamischen Recht und Zusammenleben. Sie erwähnt, dass auch die vorangegangenen Gemeinschaften Offenbarungen erhielten, was die Einheit der Botschaft Gottes in allen Zeiten bekräftigt. Das Bild der Beratung erinnert an ein harmonisches Universum, in dem sich die Himmelskörper austauschen, in geordneter Bahn bewegen – so wie Menschen in Liebe und Eintracht zusammenleben sollen. Wo Liebe regiert, da offenbart sich Gottes Plan am deutlichsten.

## 43. Az-Zuchruf (Der Goldschmuck)

"Az-Zuchruf" bedeutet Gold oder Goldschmuck – ein Sinnbild für den äußeren Glanz, der Menschen oft verführt. Die Sure warnt vor der Täuschung durch weltlichen Reichtum und hebt die wahre Kostbarkeit des Glaubens hervor. Sie behandelt auch wieder die Geschichte von Moses (Musa) und Pharao, den Hochmut und die Vergänglichkeit irdischer Macht. Das Universum erinnert den Menschen stets daran, dass alles Materielle vergeht, während nur Gottes Liebe und Gnade Bestand haben.

## 44. Ad-Duchan (Der Rauch)

Diese Sure trägt ihren Namen aufgrund einer Andeutung auf einen rauchartigen Schleier, der als Zeichen des göttlichen Gerichts erscheint. Sie spricht von den Folgen der Beharrlichkeit im Unglauben und ermutigt zugleich zur Umkehr. Das Universum, erfüllt vom ätherischen Rauch, symbolisiert die allumfassende Gegenwart Gottes: Unsichtbar, aber wirkungsvoll. Wer in Liebe zu ihm steht, wird auch in Zeiten drohenden Unheils den Frieden seines Herzens bewahren.

## 45. Al-Dschathija (Die Kniende)

Der Titel verweist auf den Tag des Gerichts, an dem alle Völker auf ihren Knien knien werden. Die Sure betont, wie einzelne Menschen und ganze Gemeinschaften sich verantworten müssen. Doch sie erinnert auch daran, dass Gottes Gnade unendlich ist. Das Universum, in dem alles – von den Bergen bis zu den Sternen – seine Knie beugt, führt uns vor Augen, dass Demut und bedingungslose Liebe die Schlüssel zur Rettung sind.

## 46. Al-Ahqaf (Die Sanddünen)

Diese Sure nennt sich nach dem Gebiet der Sanddünen (Ahqaf), in dem das Volk von Ad lebte. Sie handelt von den Konsequenzen der Verweigerung gegenüber Gottes Boten und dem Untergang jener, die nur auf ihre eigene Stärke vertrauten. In den Weiten der Sanddünen zeigt sich die Vergänglichkeit menschlicher Macht. Die Liebe zu Gott hingegen ist ewig und rettet den, der sich inmitten der dürrsten Wüste nach ihr sehnt.

## 47. Muhammad (Mohammed)

Diese Sure trägt den Namen des Propheten Mohammed (Frieden sei auf ihm), der die letzte Offenbarung erhielt. Sie thematisiert den Kampf zwischen Rechtleitung und Verirrung und ermutigt die Muslime, standhaft zu bleiben. Die bedingungslose Liebe zu Gott und dem Propheten verbindet die Gläubigen in einer kosmischen Gemeinschaft, die das Universum als Ort der Prüfung erkennt. Wer in dieser Liebe verwurzelt bleibt, wird die Stürme des Lebens überstehen.

## 48. Al-Fath (Der Sieg)

Die Sure berichtet vom "Friedensvertrag von Hudaybiyya" und anderen Ereignissen, die schließlich zu einem friedlichen Sieg führten. Der wahre Sieg besteht darin, dem Kriegsverlangen zu entsagen und die Tür zur Versöhnung zu öffnen. Das Universum – in seiner harmonischen Balance – zeigt, dass echter Erfolg aus der Macht der Liebe hervorgeht. Wo Eintracht herrscht, da strahlt die Gnade Gottes am hellsten.

## 49. Al-Hudschurat (Die Gemächer)

Benannt nach den Gemächern des Propheten Mohammed (Frieden sei auf ihm), lehrt diese Sure Tugenden wie Respekt, Zurückhaltung in Streitfragen und das Vermeiden von Spott. Sie macht klar, dass im Zusammenleben bedingungslose Achtung voreinander zentral ist. Das Universum erscheint als ein Haus mit vielen Gemächern; nur wenn in jedem Raum Liebe wohnt, erstrahlt das Haus in seiner ganzen Schönheit. In der Schöpfung liegt die Botschaft Gottes, dass wir aufeinander angewiesen sind und durch gegenseitige Rücksicht die Ordnung bewahren.

## 50. Qaf

Eine weitere Sure, die nach einem geheimnisvollen Buchstaben benannt ist. Sie hebt die Wunder der Schöpfung hervor und spricht von der allgegenwärtigen Kenntnis Gottes. In der spirituellen Tradition wird Qaf oft als Hinweis auf einen Berg oder einen mystischen Ort angesehen, der das Universum umgibt. Die sure erinnert daran, dass jeder Gedanke und jedes Wort von Gott erfasst wird und dass allein die Liebe und Ehrfurcht vor Ihm den Menschen wirklich frei machen.

## 51. Ad-Dhariyat (Die sich Zerstreuenden)

Diese Sure bezieht sich auf die Winde, die Staub und Samen zerstreuen, durch die das Leben auf Erden überallhin gelangen kann. Die Winde stehen symbolisch für Gottes Plan, den er durch scheinbare Zufälle offenbart. Sie erläutert auch die Geschichte Abrahams (Ibrahim) und Lots (Lut) und zeigt, wie Gottes Barmherzigkeit und Zorn eng miteinander verwoben sind. So wie der Wind über das Antlitz des Universums streicht, so begleitet uns Gottes Liebe, auch wenn wir ihre Richtung nicht immer verstehen.

## 52. At-Tur (Der Berg)

Ein Hinweis auf den Berg Sinai, an dem Moses (Musa) die Offenbarung empfing. Diese Sure schildert die gewaltige Erscheinung Gottes und die Bestimmung der Gläubigen, die in den Gärten der Seligkeit ruhen werden. Der Berg, fest verankert in der Erde, ist ein Sinnbild für die Standhaftigkeit des Glaubens. In einer sich ständig wandelnden Welt bleibt die Liebe Gottes unverändert – wie ein Berg, der in Stürmen dem Himmel trotzt.

## 53. An-Nadschm (Der Stern)

Diese Sure beginnt mit einem Schwur bei den Sternen. Sie nimmt Bezug auf die Himmelfahrt des Propheten Mohammed (Frieden sei auf ihm) und betont, dass er nicht aus eigener Laune, sondern durch Offenbarung sprach. Die Sterne, fern und geheimnisvoll, zeugen von der unendlichen Weite des Universums und erinnern daran, dass Gottes Liebe alle Distanzen überbrücken kann. Der Mensch, der sich dem Sternenlicht anvertraut, erkennt seine winzige Stellung, aber auch seine ungeheure Würde in Gottes Plan.

## 54. Al-Qamar (Der Mond)

In dieser Sure wird an das Zeichen erinnert, als der Mond angeblich gespalten wurde, was im islamischen Kontext als Wunder des Propheten Mohammed (Frieden sei auf ihm) gilt. Sie warnt die Ungläubigen, die Zeichen Gottes nicht zu verleugnen. Der Mond, der die Nacht erhellt, steht für die Gnade Gottes, die selbst in dunklen Zeiten leuchtet. So wie das Universum in Zyklen verläuft, so kehrt die Chance zur Umkehr wieder, getragen von der Liebe des Schöpfers.

## 55. Ar-Rahman (Der Allerbarmer)

Eine der poetischsten Suren, die unzählige Gaben Gottes aufzählt und in der ständig wiederholt wird: „Welche der Wohltaten eures Herrn wollt ihr leugnen?“ Sie offenbart, dass das Universum ein einziges Geschenk der Göttlichen Barmherzigkeit ist. Die Macht der Liebe strahlt aus jedem Vers, jeder Blume, jedem Sonnenuntergang. Ar-Rahman – die göttliche Liebe ist grenzenlos und ruft den Menschen, sich darin zu verlieren, um sich selbst wahrhaft zu finden.

## 56. Al-Waqi'a (Das Ereignis)

Diese Sure beschäftigt sich mit den Ereignissen am Jüngsten Tag und teilt die Menschen in verschiedene Gruppen ein. Sie lehrt, dass das Universum einem Rhythmus folgt, in dem jede Seele ihren Platz hat – je nachdem, ob sie die Liebe Gottes angenommen oder verneint hat. Wer die Zeichen auf Erden erkannt hat, wird am Tag des Ereignisses zu den Glücklichen gezählt. Das Ereignis ist nicht die Vernichtung, sondern die Offenbarung dessen, was immer war: die unendliche Liebe, die alles durchdringt.

## 57. Al-Hadid (Das Eisen)

Al-Hadid bedeutet „Das Eisen“ und weist auf die Nützlichkeit, aber auch die Gefahr dieses Metalls hin. Die Sure beschäftigt sich mit den Gegensätzen zwischen Materie und Geist, Reichtum und Armut, Glauben und Unglauben. So wie Eisen durch Feuer geformt wird, wird auch der Mensch durch Prüfungen geformt, um in der Liebe Gottes zu erstarken. Das Universum gibt uns Eisen als Werkzeug – es liegt an uns, ob wir es für Zerstörung oder für den Schutz des Lebens nutzen.

## 58. Al-Mudschadila (Die Streitgespräche)

Diese Sure ist nach einer Frau benannt, die mit dem Propheten Mohammed (Frieden sei auf ihm) über familiäre Angelegenheiten sprach und die Gerechtigkeit einforderte. Sie zeigt, wie wichtig das Wort in zwischenmenschlichen Konflikten ist und wie Gottes Liebe sich in weiser Entscheidung offenbart. Die Streitgespräche, die im Universum widerhallen, führen immer dann zum Frieden, wenn man die bedingungslose Liebe Gottes über das eigene Ego stellt.

## 59. Al-Haschr (Die Versammlung)

Der Name bezieht sich auf die Vertreibung bestimmter jüdischer Stämme aus Medina. Doch die Sure ist mehr als eine historische Erörterung: Sie betont die Bedeutung von Gemeinschaft, Zusammenhalt und die Achtung vor Gott. Wenn die Menschen sich in Liebe versammeln, ahmen sie die Harmonie des Universums nach, wo jeder Planet in seiner Bahn kreist, ohne mit den anderen zu kollidieren. Al-Haschr lädt ein, den Wert von Nächstenliebe zu erkennen, damit die Versammlung der Gläubigen zum Abbild göttlicher Ordnung wird.

## 60. Al-Mumtahanah (Die Geprüfte)

Benannt nach den Frauen, die zur Zeit des Propheten Mohammed (Frieden sei auf ihm) geprüft wurden, wenn sie zum Islam übertraten. Die Sure behandelt Loyalität und das Prüfen von Glaubensbekenntnissen, um die Aufrichtigkeit zu erkennen. Inmitten solcher Prüfungssituationen wird die bedingungslose Liebe zu Gott offenbar: Der Mensch, der sich in jeder Faser seines Seins Gott zuwendet, wird – wie das Universum in all seiner Harmonie – den rechten Platz in der Schöpfung finden. Die Prüfung selbst ist nur ein Mittel, die Größe der Liebe und des Glaubens ans Licht zu bringen.

## 61. As-Saff (Die Schlachtreihe)

Benannt nach der Schlachtreihe, in der die Gläubigen in Einheit zusammenstehen sollen. Die Sure betont die Wichtigkeit, Worte und Taten in Einklang zu bringen und sich für Gott einzusetzen. Das Bild der Schlachtreihe zeigt Menschen, die wie Planeten in ihrer Bahn ihren Platz in der göttlichen Ordnung finden. Wer sich der Liebe Gottes anvertraut, wird erkennen, dass wahre Stärke nicht in Waffen, sondern in Herzenseinigkeit liegt, so wie das Universum durch Zusammenhalt und Harmonie besteht.

## 62. Al-Dschumu'a (Das Freitagsgebet)

Diese Sure hebt den besonderen Stellenwert des Freitagsgebets (Dschumu'a) hervor, in dem sich Muslime versammeln, um Gott zu gedenken. Es erinnert daran, dass das Streben nach irdischen Geschäften nicht wichtiger sein darf als die Hingabe an Gott und dass im Gottesdienst wahre Erfüllung liegt. Wie ein kosmisches Ballett, in dem sich alles zur rechten Zeit bewegt, so ruft das Universum den Menschen, die Liebe zu Gott über alle weltlichen Ablenkungen zu stellen.

## 63. Al-Munafiqun (Die Heuchler)

Diese Sure thematisiert die Heuchler, die zwar vorgeben zu glauben, aber in ihrem Herzen anderen Zielen folgen. Sie warnt, dass die Illusionen dieser Welt den Menschen blenden und ihn zu Hochmut führen können. Der Mensch, der Heuchelei pflegt, verliert die Verbindung zur reinen Liebe Gottes. So wie das Universum Ehrlichkeit in seiner Struktur widerspiegelt, so bedarf es Wahrhaftigkeit im Glauben, um die kosmische Harmonie in sich aufzunehmen.

## 64. At-Taghabun (Der Betrug / Verlust)

Der Titel weist auf das Taghabun hin, einen Tag, an dem sich offenbart, wer Verlust oder Gewinn erleidet. Es ist eine Erinnerung daran, dass irdisches Besitzstreben nichts nützt, wenn man die Liebe Gottes vernachlässigt. Im Universum geht nichts verloren, was Gott gehören soll. Nur der, der sich von der bedingungslosen Liebe abwendet, betrügt letztlich sich selbst, indem er die wahrhaftige Erfüllung verpasst.

## 65. At-Talaq (Die Scheidung)

Diese Sure befasst sich mit den Vorschriften zur Scheidung und dem Umgang mit familiären Konflikten. Sie mahnt zu Gerechtigkeit und Fürsorge, insbesondere in schwierigen Phasen des Lebens. Inmitten von Konflikten offenbart sich die Gnade Gottes, wenn man die Liebe an erste Stelle setzt. Wie Planeten sich trennen und auf andere Bahnen ziehen können, bleibt das Universum im Gleichgewicht, wenn es den göttlichen Gesetzen folgt. Auch der Mensch findet Frieden, wenn er Gottes Liebe die Scheidung regeln lässt, statt egoistischer Motive.

## 66. At-Tahrim (Das Verbot)

Es geht um einen Vorfall im Haushalt des Propheten (Frieden sei auf ihm), bei dem persönliche Angelegenheiten zu religiösen Ermahnungen führten. Die Sure verdeutlicht, dass auch im Privatleben die göttliche Ordnung gilt und dass Fehler eine Gelegenheit sind, zu reifen. Im Universum gibt es keine Zufälle, die nicht Teil eines größeren Plans sind. Die bedingungslose Liebe Gottes lehrt uns, in jedem Stolpern eine Stufe zum Aufstieg zu sehen.

## 67. Al-Mulk (Die Herrschaft)

Als eine der am häufigsten rezitierten Suren erinnert Al-Mulk den Menschen daran, dass die wahre Herrschaft allein Gott gehört. Sie beschreibt die Pracht des Himmels, die Schöpfung der Vögel und andere Zeichen, die von Gottes Allmacht sprechen. Der Mensch wird eingeladen, in der Liebe zu Gott die Geborgenheit zu finden, die das Universum bietet. Wer erkennt, dass alles nur geliehen ist, der vereint sich mit dem ewigen Kreislauf des Lebens in Gottes Hand.

## 68. Al-Qalam (Der Stift)

Diese Sure betont, dass Gott uns mittels des Schreibens und der Sprache Wissen vermittelt und den Menschen in die Lage versetzt, Gutes und Schlechtes zu unterscheiden. Die Geschichte vom Propheten Jonas (Yunus) wird erneut angesprochen, um an die Barmherzigkeit Gottes zu erinnern. Der Stift, das Instrument der Schrift, steht als Symbol der Ordnung und Liebe Gottes. So wie das Universum in Mustern existiert, legen Worte die Grundlage für Verständnis oder Missverständnis. Nur wer die Liebe Gottes an erste Stelle setzt, kann in Harmonie schreiben und leben.

## 69. Al-Haqqa (Die unvermeidliche Stunde)

Diese Sure behandelt den Tag des Gerichts, der für einige Nationen bereits in dieser Welt kam, als sie den göttlichen Mahnungen nicht folgten. Der Begriff Al-Haqqa weist auf die unerschütterliche Wahrheit hin, die keiner bestreiten kann. Das Universum, in seiner Perfektion, führt das Irdische unvermeidlich zum Ziel. Wer Gott liebt und in Seiner Liebe verweilt, der braucht den Tag der Wahrheit nicht zu fürchten, denn die innere Harmonie trägt ihn durch alle Prüfungen.

## 70. Al-Ma'aridsch (Die Aufstiege)

Die Sure redet von den „Stufen“ oder „Aufstiegen“, auf denen die Engel und der Geist in bestimmter Frist zu Gott emporsteigen. Sie zeigt auch, wie der Mensch zwischen Hast und Unruhe schwankt, wenn er nicht im Glauben verankert ist. Doch das Universum bietet stets Aufstiegsmöglichkeiten in der Liebe Gottes. Wer diese

Liebe annimmt, kann selbst in der größten Eile Gelassenheit und Anmut finden, getragen von der weisenden Kraft der Schöpfung.

## 71. Nuh (Noah)

Diese Sure ist nach Noah (Nuh) benannt und thematisiert seine vergeblichen Bemühungen, sein Volk vor der Strafe zu warnen. Noah baute die Arche im Vertrauen auf Gottes Liebe und Führung. Das Universum offenbart in der Flut die Gerechtigkeit Gottes und in der Arche Seine Barmherzigkeit. Wer sich der bedingungslosen Liebe anvertraut, erfährt Rettung, auch wenn die Wasser der Prüfungen hochsteigen.

## 72. Al-Dschinn (Die Dschinn)

Hier geht es um die Dschinn, die unsichtbaren Wesen, die wie Menschen vor die Wahl zwischen Rechtleitung und Irrweg gestellt sind. Die Sure zeigt, dass nicht nur das Sichtbare, sondern auch das Verborgene dem Willen Gottes unterliegt. Das Universum besteht nicht allein aus dem Greifbaren; auch in den unsichtbaren Bereichen regiert die Liebe Gottes. Wer dies erkennt, erweitert seinen Blick und weiß, dass alle Geschöpfe im großen kosmischen Plan verbunden sind.

## 73. Al-Muzzammil (Der Bedeckte)

Der Prophet (Frieden sei auf ihm) wird als der „Bedeckte" angesprochen, da er sich nachts in Decken hüllte, um im Gebet zu verweilen. Die Sure unterstreicht die Bedeutung des nächtlichen Gebets und der Hingabe an Gott, wenn die Welt ruht. Das Universum schläft nie, in jeder Stunde offenbart es die Größe des Schöpfers. Wer nachts aufsteht und sich ins Gebet begibt, findet die stillen Fäden der Liebe, die das Herz mit dem Höchsten verbinden.

## 74. Al-Muddaththir (Der Bedeckte)

Ähnlich wie Al-Muzzammil spricht auch diese Sure den Propheten (Frieden sei auf ihm) an, der sich in Kleidung hüllte. Sie fordert ihn auf, die Botschaft zu verkünden und sich von der Befleckung durch Sünde fernzuhalten. Die Hinwendung zur göttlichen Liebe soll nicht ruhen, denn das Universum ist in steter Bewegung und wartet auf diejenigen, die es mit Licht erfüllen. Ein Bedeckter, der sein Herz enthüllt – darin liegt das Mysterium, wie Liebe in die Welt tritt.

## 75. Al-Qiyama (Die Auferstehung)

Eine eindringliche Schilderung des Jüngsten Tages und der Auferstehung. Der Mensch wird gewarnt, dass an diesem Tag alle Schleier fallen und nur der wahre Glaube Bestand hat. Im Universum ist jeder Zyklus ein Symbol der Erneuerung, von Nacht zu Tag, von Tod zu Leben. Die Liebe Gottes macht es möglich, dass jene, die an Ihn glauben, in neuem Licht erstehen, befreit von irdischen Sorgen.

## 76. Al-Insan (Der Mensch)

Die Sure spricht von der Erschaffung des Menschen und seiner Fähigkeit, zwischen Dankbarkeit und Undankbarkeit zu wählen. Sie erwähnt die Wohltaten

Gottes, die den Menschen begleiten, sowie die Verheißung für die, die Barmherzigkeit üben. Das Universum feiert den Menschen als Kronwerk der Schöpfung, doch nur, wenn er die bedingungslose Liebe in sein Herz lässt und dem Schöpfer gehorsam ist. Dann findet er ewigen Frieden jenseits aller Prüfungen.

## 77. Al-Mursalat (Die Gesandten)

Diese Sure bezieht sich auf die Winde oder Engel, die Gottes Botschaft tragen und verbreiten. Sie zeigt, wie Gottes Absicht sich durch das gesamte Universum zieht, stets gesandt, um den Menschen an ihre Bestimmung zu erinnern. Die Gesandten können sanft wie ein leichter Windhauch sein oder mächtig wie ein Sturm, doch immer sollen sie den Menschen zur göttlichen Liebe führen. So wie das Universum in ständiger Bewegung ist, so trägt Gottes Wort in jedem Augenblick die Möglichkeit zur Erneuerung.

## 78. An-Naba (Die Kunde)

Hier geht es um „die große Kunde“ des Jüngsten Tages und die Wiederauferstehung. Die Sure bekräftigt, dass das Universum nicht ziellos existiert, sondern einem eindeutigen Ziel entgegensteuert. Die Elemente des Himmels, der Erde, die Sterne und Planeten sind Boten der göttlichen Wahrheit, die den Menschen ermutigen, in Liebe und Glaube zu leben, damit sie am Tag der Endgültigkeit in Frieden und Licht eintreten.

## 79. An-Nazi'at (Die Herausreißenden)

Der Titel bezieht sich auf die Engel, die die Seelen herausreißen, entweder sanft oder mit Härte – je nach Verfassung der Seele. Er thematisiert die Macht Gottes über das Leben und den Tod, die Vergänglichkeit der irdischen Bühne, und ruft die Menschen zur inneren Läuterung auf. Das Universum, in seiner unendlichen Weite, führt uns vor Augen, dass jeder Atemzug ein Geschenk ist, und nur in der bedingungslosen Liebe Gottes kann die Seele Trost und Rettung finden.

## 80. Abasa (Er runzelte die Stirn)

Diese Sure erzählt von einer Begebenheit, bei der der Prophet (Frieden sei auf ihm) unwissentlich einen Blinden gering achtete. Sie ruft zu Demut und Achtsamkeit auf, besonders gegenüber den Schwachen und Hilfsbedürftigen. Das Universum trägt in jedem Geschöpf ein Zeichen der göttlichen Liebe, und wer sich dieser Liebe bewusst ist, kann niemanden herabsetzen. Jeder Mensch, egal wie unbedeutend er scheinen mag, ist ein kostbarer Teil der Schöpfung.

## 81. At-Takwir (Das Einhüllen)

Sie schildert, wie am Tag des Gerichts die Sonne eingehüllt, die Sterne herabstürzen und die Ordnung des Himmels durcheinandergeraten wird. Diese dramatischen Bilder erinnern daran, dass alles Irdische vergänglich ist und nur Gottes Liebe ewig währt. Im Universum, das stets Wandel kennt, ist es die göttliche Gnade, die uns einen festen Anker bietet. Wer in Liebe verankert ist, braucht die Einhüllung des Lichtes nicht zu fürchten.

## 82. Al-Infitar (Das Aufbrechen)

Ein weiteres Szenario der Endzeit: Der Himmel bricht auf, die Sterne zerfallen, das Meer strömt über. Doch auch hier bleibt die Botschaft klar: Wenn die sichtbare Ordnung zerfällt, zeigt sich die göttliche Wirklichkeit umso deutlicher. Das Universum ist ein Vorhof der Liebe Gottes, wo jede Prüfung den Menschen lehren will, dass nur der Glaube und die Hingabe zählen, wenn die Schleier dieser Welt fallen.

## 83. Al-Mutaffifin (Die Betrüger bei der Waage)

Die Sure tadelt jene, die beim Wiegen und Messen betrügen. Sie mahnt zur Ehrlichkeit und erinnert daran, dass Gott alle Taten verzeichnet und am Tag des Gerichts vergelten wird. Wer in Liebe handelt, sorgt für Gerechtigkeit, so wie das Universum in perfekt ausbalancierten Naturgesetzen existiert. Täuschung ist eine Störung dieses Gleichgewichts und führt letztlich zur eigenen Ruinierung.

## 84. Al-Inschiqaq (Das Aufreißen)

Hier wird das Szenario beschrieben, in dem der Himmel aufreißt und die Erde ihre Schätze herausgibt. Ein weiteres Bild für das Ende der Welt, an dem die wahre Natur jedes Menschen offenbar wird. Das Universum, das uns jetzt umhüllt, wird an jenem Tag seine Hülle abwerfen, damit die Liebe Gottes triumphieren kann. Wer sein Leben auf diese Liebe gründet, wird das Aufreißen als einen Übergang in die ewige Wirklichkeit erleben.

## 85. Al-Burudsch (Die Sternbilder)

Diese Sure nimmt die Sternbilder (Burudsch) zum Anlass, die Größe Gottes zu preisen und an das Schicksal der Unterdrücker zu erinnern. Sie erzählt von Gläubigen, die aus Glaubenshass in den Flammentod gestoßen wurden, und demonstriert damit, dass Gott ihre Aufopferung sieht und ihre Belohnung im Jenseits liegt. Das Universum trägt in seinen Sternbildern die Geschichte der Märtyrer, deren Liebe zu Gott stark genug war, selbst das Feuer zu überdauern.

## 86. At-Tariq (Der Klopfende)

„Der Klopfende" bezieht sich auf den Morgenstern oder einen Meteor, der in der Nacht erscheint, so als würde er an den Türen der Erde klopfen. Die Sure beschreibt Gottes Schutz über den Menschen und bekräftigt, dass kein Geheimnis Ihm verborgen bleibt. Das Klopfen am Himmelszelt erinnert uns daran, dass die Liebe Gottes stets da ist, an unsere Herzenspforte klopft und uns zum Erwachen ruft.

## 87. Al-Ala (Der Höchste)

Die Sure ruft den Menschen auf, den Namen Gottes, des Höchsten, zu verherrlichen. Sie zeigt, wie die Schöpfung in ihrer Schönheit und Ordnung den Schöpfer lobpreist. Das Universum, in seiner Pracht, spiegelt die wahre Größe Gottes wider. Wer Ihn liebt und anerkennt, begreift, dass irdische Sorgen und Höhenflüge gleichermaßen im Licht der Barmherzigkeit bedeutungslos werden.

## 88. Al-Gaschiya (Die Überwältigende)

Dies ist die Sure über den Tag, an dem das überwältigende Ereignis eintritt und manche Gesichter froh und andere betrübt sein werden. Sie beschreibt Szenarien im Jenseits, in denen die einen in Wohlergehen weilen, während die anderen in Leid versinken. Das Universum, stets im Gleichgewicht zwischen Freude und Tragik, erinnert daran, dass am Ende nur Gottes Liebe den Ausschlag gibt. Wer sich ihr öffnet, wird in der Überwältigung Geborgenheit finden.

## 89. Al-Fadschr (Die Morgendämmerung)

Der Morgengrauen ist ein Symbol für den Neubeginn. Diese Sure nimmt alte Völker wie Ad und Thamud zum Beispiel, die Gottes Gaben missbrauchten, und mahnt zur Dankbarkeit. So wie das Licht des Morgens die Nacht vertreibt, so vertreibt die Liebe Gottes die Finsternis des Herzens. Das Universum tanzt in der Dämmerung zwischen Dunkel und Licht, und wer sich Gottes Herrlichkeit zuwendet, erlebt diese Dämmerung als geistigen Neuanfang.

## 90. Al-Balad (Die Stadt)

Meist auf Mekka bezogen, betont diese Sure die besondere Heiligkeit des Ortes und die Prüfungen, denen der Mensch ausgesetzt ist. Sie lobt denjenigen, der den beschwerlichen Weg der Freilassung von Sklaven, der Speisung der Hungernden und der Barmherzigkeit wählt. Wie eine Stadt, die zum Zufluchtsort wird, bietet das Universum Schutz für jene, die mit Liebe und Hingabe leben. Gottes Gegenwart erfüllt jeden Ort, wenn wir sie nur erkennen.

## 91. Asch-Schams (Die Sonne)

Hier wird bei Sonne, Mond, Tag, Nacht und Seele geschworen, um die Wichtigkeit der kommenden Botschaft zu unterstreichen: Reinheit und Verderben liegen in der Hand des Menschen, der sich entscheiden muss, welchen Weg er geht. Die Sonne, Symbol für strahlende Wärme, verweist auf die Liebe Gottes, die Leben schenkt. Das Universum gedeiht im Licht, so wie das Herz des Gläubigen erblüht, wenn es Gottes Liebe aufnimmt.

## 92. Al-Lail (Die Nacht)

Die Sure kontrastiert die Nacht und den Tag, die Mühsal und die Leichtigkeit, das Geben und das Horten. Der Mensch ist frei zu wählen, ob er dem Pfad des Lichts folgt oder in der Finsternis verharrt. Doch so wie die Nacht stets dem Tag weichen muss, wird auch die Liebe Gottes jede Dunkelheit überwinden, wenn der Mensch sich ihrem wärmenden Strahl öffnet.

## 93. Ad-Duha (Der helle Vormittag)

Diese Sure offenbart Trost für den Propheten (Frieden sei auf ihm) in einer Phase der Offenbarungspause. Sie versichert, dass Gott ihn nicht verlassen hat und jeder Prüfungszeit eine Erleichterung folgt. Ad-Duha, der helle Vormittag, verkörpert die Zuversicht, dass die Schöpfung auf Licht hin angelegt ist. Wer auf die Liebe Gottes vertraut, dem wird selbst in den dunkelsten Stunden ein strahlender Vormittag geschenkt.

## 94. Asch-Sharh (Das Weiten)

Auch als Al-Inschirah bekannt, spricht die Sure von der Erweiterung der Brust und der Erleichterung nach der Anstrengung. Sie verspricht, dass jede Mühsal von zweifacher Erleichterung begleitet wird. So wie das Universum atmet, dehnt und bewegt sich, so findet auch die Seele Weite in der Liebe Gottes. Wer diese Weite spürt, kann mit erhobenem Haupt die Bürden des Lebens tragen.

## 95. At-Tin (Die Feige)

Die Feige und der Ölbaum werden beschworen, Orte wie Sinai und die Stadt des Friedens (Mekka) erwähnt. Die Sure hebt die ursprüngliche Reinheit des Menschen hervor, den Gott in bester Gestalt schuf. Doch durch eigene Entscheidungen kann er tief fallen. Das Universum schenkt jedem Wesen seine Position – der Mensch darf wählen, ob er die Liebe Gottes erwidert oder sie verachtet. Nur die bedingungslose Hingabe erhebt ihn zur wahren Würde.

## 96. Al-Alaq (Der Blutklumpen)

Diese Sure markiert den Beginn der Offenbarung an den Propheten (Frieden sei auf ihm) in der Höhle Hira, mit den Worten: „Lies!" Sie erinnert den Menschen an seine bescheidene Herkunft – einen Blutklumpen – und daran, dass Gott ihn durch Wissen und Schriftwürde erhöhte. Das Universum weist in jeder Zelle auf den Schöpfer hin. Die Liebe Gottes verleiht der menschlichen Existenz Sinn und hebt sie aus der Dunkelheit des Nichtwissens.

## 97. Al-Qadr (Die Bestimmung)

Diese Sure thematisiert die Nacht der Bestimmung (Lailat al-Qadr), in der der Koran herabgesandt wurde. Sie hebt die Bedeutung dieser Nacht hervor, die besser als tausend Monate ist, weil der Segen Gottes in ihr unvergleichlich strahlt. Das Universum nimmt in dieser besonderen Nacht an Gnade zu, und wer die Tore seines Herzens für Gottes Liebe öffnet, empfängt ein Licht, das weit über das Irdische hinausstrahlt.

## 98. Al-Bayyina (Der deutliche Beweis)

Hier wird erklärt, dass sowohl die Schriftbesitzer (Juden und Christen) als auch die Heiden im Unklaren waren, bis der deutliche Beweis (der Koran) kam. Sie betont, wie die reine Hingabe an Gott und die beständige Liebe das Herz klären. Das Universum ist in seiner Wahrheit eindeutig, doch die menschliche Seele braucht Offenbarung, um ihre Verbindlichkeit zu erkennen. In der Liebe Gottes finden alle Suchenden die Klarheit, die sie begehren.

## 99. Az-Zalzala (Das Beben)

Die Sure beschreibt das gewaltige Beben am Ende der Zeit, wenn die Erde ihre Lasten hervorbringt. Sie zeigt, dass selbst das Kleinste Gute und das Kleinste Böse offenbar werden. Wie ein Seismograph nimmt das Universum jede Schwingung der Liebe oder Lieblosigkeit wahr. Am Tag des Bebens wird die innere Wahrheit nach außen gekehrt. Wer sich in die Liebe Gottes gehüllt hat, wird inmitten des Bebens unerschütterlich stehen.

## 100. Al-Adiyat (Die Stürmenden)

Diese Sure beschreibt stürmische Pferde, die im Eifer der Schlacht vorwärtsdrängen. Sie mahnt den Menschen, nicht undankbar zu sein, sondern die Hingabe dieser Tiere als Vorbild für Treue und Durchhaltewillen zu sehen. Das Universum kennt diese glühende Leidenschaft, welche, wenn sie von Liebe angetrieben wird, in mutige Taten mündet. Ohne Liebe wird sie jedoch zur sinnlosen Raserei. Ein aufrichtig Liebender kann seine Kräfte in göttlicher Ordnung entfalten.

## 101. Al-Qaria (Das Verhängnis)

Al-Qaria, das Verhängnis oder die Katastrophe, schildert ein weiteres Bild des Jüngsten Gerichts, an dem die Herzen gewogen werden. Leicht ist jene Waagschale, der es an Liebe und aufrichtigen Taten mangelt. Das Universum selbst hat seine Gewichtsordnungen; alles wird nach einem göttlichen Maß gemessen. Wer die bedingungslose Liebe zu Gott und den Geschöpfen erlernt, wird nicht durch das Verhängnis erschüttert, sondern in die Geborgenheit geführt.

## 102. At-Takathur (Der Wettstreit in Vermehrung)

Diese Sure warnt vor dem „Wettrennen in Vermehrung“, einer Jagd nach Reichtümern und Statussymbolen, die den Menschen vom Wesentlichen ablenken. Der Mensch erkennt oft erst an der Schwelle zum Tod, wie wertlos diese Sammlung ist. Das Universum schenkt genug für alle, doch Gier zerstört das Gleichgewicht. Nur wer die Liebe Gottes im Herzen trägt, wird von diesen falschen Verlockungen frei und das wahre Glück finden.

## 103. Al-Asr (Die Zeit)

Kurze, aber prägnante Sure, die schwört „bei der Zeit“, dass der Mensch im Verlust ist, wenn er nicht Glauben, gute Taten, gegenseitige Ermahnung zur Wahrheit und zur Geduld pflegt. Die Zeit, unaufhaltsam in Bewegung, erinnert uns an die Vergänglichkeit aller Dinge. In der Liebe Gottes jedoch findet der Mensch ein Zeitloses, ein Zuhause jenseits der Verwirrungen des Augenblicks. So wie das Universum keine Sekunde anhalten kann, muss der Mensch seine Liebe und seinen Glauben kontinuierlich pflegen.

## 104. Al-Humaza (Der Lästerer)

Diese Sure tadelt jene, die mit übler Nachrede und Spott ihre Mitmenschen herabsetzen und im Anhäufen von Reichtümern Erfüllung suchen. Sie zeigt, dass solches Verhalten letztlich dem eigenen Herzen schadet. Das Universum lehrt Respekt: Jede Galaxie, jeder Stern ist einzigartig und erhaben. Wer über andere lästert, bricht die kosmische Harmonie. Nur die Liebe sorgt für einen ehrwürdigen Umgang miteinander.

## 105. Al-Fil (Der Elefant)

Hier wird an die Begebenheit erinnert, als ein Heer mit Elefanten die Kaaba attackieren wollte, aber durch kleine Vögel (Ababil) und Steinchen besiegt wurde. Die Sure demonstriert, dass Macht und Größe vor Gottes Willen nichts sind. Im Universum tritt die göttliche Liebe oft in unscheinbarer Gestalt auf, siegreich gegen jede Übermacht. Wo das Herz an Gott hängt, wird selbst ein Elefantenheer zu Staub.

## 106. Quraisch

Benannt nach dem Stamm des Propheten Mohammed (Frieden sei auf ihm). Sie lobt die Sicherheit und Versorgung, die Gott den Quraisch schenkte, damit sie in Frieden leben und pilgern konnten. Jeder Stamm, jedes Volk hat im Universum seinen Platz, doch nur in der Liebe Gottes findet es wahre Einheit. Wer Gottes Gaben anerkennt, lebt im Schutz der göttlichen Ordnung.

## 107. Al-Maun (Die Hilfe)

Die Sure ruft zur Fürsorge für Waisen und Bedürftige auf und warnt vor Heuchlern, die das Gebet verrichten, aber die Hilfsbedürftigen missachten. Sie offenbart, dass wahrer Glaube immer in der Liebe zum Nächsten sichtbar wird. Das Universum gleicht einem Netzwerk der gegenseitigen Hilfe. Jeder Planet, jeder Stern „hilft“ dem anderen, in Balance zu bleiben. Auch der Mensch soll Liebe in Taten umsetzen.

## 108. Al-Kauthar (Die Fülle)

Eine sehr kurze Sure, die auf den überreichen Segen Gottes verweist (Al-Kauthar). Sie ruft den Menschen auf, zu beten und zu opfern, um Gottes Gnade zu danken. Das Universum strahlt Fülle aus in jeder Galaxie, in jedem Molekül. Diese Fülle, wenn erkannt, führt zur tiefen

Dankbarkeit. Wer Gottes Liebe annimmt, wird selbst zur Quelle der Fülle für andere.

## 109. Al-Kafirun (Die Ungläubigen)

Hier wird die klare Unterscheidung zwischen der Anbetung Gottes und der Anbetung anderer „Götter“ gezogen. „Euch eure Religion, mir meine“, ist eine bekannte Aussage daraus. Das Universum kennt keine erzwungene Liebe. Wer nicht lieben will, soll seine Wege gehen. Doch Gottes Liebe steht bereit für jeden, der sie wählt. In diesem Respekt lebt man in kosmischer Harmonie, ohne Zwang.

## 110. An-Nasr (Die Hilfe)

Die Sure spricht von der Eroberung Mekkas und der Hilfe Gottes. Sie rät zum Lob Gottes und zur Vergebungssuche, wenn der Sieg gekommen ist. Das Universum belohnt Geduld und Hingabe – wenn Erleichterung eintritt, soll man demütig bleiben. Die Hilfe Gottes zeigt sich in den kleinsten wie in den größten Dingen, stets eingewoben in Seine Liebe.

## 111. Al-Masad (Die Palmfasern)

Sie thematisiert das Schicksal von Abu Lahab, einem Onkel des Propheten, der ihn aufs Heftigste bekämpfte. Die Palmfasern, aus denen ein Strick gebunden wird, stehen für die karmische Kette der Untaten, die einen Menschen fesseln. Das Universum kennt keine

Ungerechtigkeit: Jede Lieblosigkeit bindet den Menschen an die Konsequenzen seines Tuns. Nur die Abkehr vom Hass und das Hinwenden zur Liebe kann diese Stricke lösen.

## 112. Al-Ikhlas (Die Aufrichtigkeit)

Eine der kürzesten, doch tiefgründigsten Suren. Sie betont den reinen Monotheismus: Gott ist Einer, ewig, weder gezeugt noch zeugt Er, und niemand ist Ihm gleich. Wer diese Wahrheit erkennt, findet den Kern der Liebe im Universum, die absolute Reinheit, die weder Anfang noch Ende hat. Al-Ikhlas ist das Bekenntnis zu einem Gott, der in vollkommener Liebe die Schöpfung trägt.

## 113. Al-Falaq

(Der Tagesanbruch) Diese Sure ist eine Bitte um Schutz vor allem Übel, das in der Dunkelheit lauert. Sie lehrt, dass der Mensch in Gott Zuflucht findet, wenn finstere Mächte sich erheben. Der Tagesanbruch steht für die Erneuerung durch Gottes Licht. Im Universum kehrt stets das Licht zurück, egal wie lang die Nacht erscheint. Wer sich auf die Liebe Gottes verlässt, wird den Schatten besiegen.

## 114. An-Nas (Die Menschen)

Die letzte Sure des Korans ist eine Bitte um Schutz vor dem flüsternden Satan, der in die Brust der Menschen eindringt. „Herr der Menschen, König der Menschen, Gott der Menschen“ – so wird Gott angerufen, um zu verdeutlichen, dass Er die höchste Instanz für jedes Herz ist. Das Universum offenbart in seiner Gesamtheit, dass Gott der wahre Herrscher ist. Wer in Liebe zu Ihm steht, bleibt verschont von den listigen Einflüsterungen und kann im Frieden Seines Lichts ruhen.

## Die Fünf Säulen des Islam – Die Harmonie zwischen Glauben, Mensch und Universum

Die fünf Säulen des Islam sind nicht bloß religiöse Pflichten, sondern spirituelle Wegweiser, die den Menschen mit Allah, mit sich selbst und mit der gesamten Schöpfung in Einklang bringen. Sie sind ein System, das das individuelle Leben ordnet und zugleich in die göttliche Harmonie des Universums eingebettet ist. Jede dieser Säulen steht für einen Aspekt des Daseins, der sich im gesamten Kosmos widerspiegelt. Der Koran selbst verweist immer wieder auf diese göttliche Ordnung, indem er nicht nur die Bedeutung der Säulen betont, sondern ihre tiefe Verbindung zum gesamten Dasein beschreibt.

### Schahāda (Das Glaubensbekenntnis) – Die höchste Wahrheit als Fundament

Die Schahāda ist der erste Schritt in die Erkenntnis der göttlichen Wirklichkeit:

Lā ilāha illa-llāh, Muḥammadun rasūlu-llāh

(Es gibt keinen Gott außer Allah, und Muhammad ist sein Gesandter).

Diese Worte sind mehr als nur eine Aussage – sie sind das Bekenntnis zur Einheit Allahs, zur absoluten Wahrheit, die seit Anbeginn der Schöpfung existiert.

Im Koran wird diese Wahrheit vielfach betont:

"Allah bezeugt, dass es keinen Gott gibt außer Ihm, und auch die Engel und die mit Wissen begabt sind bezeugen es – Er handelt in Gerechtigkeit. Es gibt keinen Gott außer Ihm, dem Allmächtigen, dem Allweisen." (Sure 3:18 – Al-Imran)

Dieses Bekenntnis ist nicht nur eine Verpflichtung des Herzens, sondern ein Bewusstsein, das den Menschen von der Illusion weltlicher Macht befreit. Das Universum folgt seiner göttlichen Ordnung, und der Mensch, der sich dieser Wahrheit bewusst wird, ist Teil dieses unermesslichen Plans.

## Ṣalāh (Das Gebet) – Die rhythmische Verbindung mit Allah

Das fünfmalige Gebet ist ein beständiger Ruf zurück zu Allah, eine Unterbrechung des Alltags, um sich bewusst mit der Quelle allen Seins zu verbinden. Der Koran selbst betont die Bedeutung des Gebets als Mittel, um sich Allah zu nähern:

"Und verrichte das Gebet, denn das Gebet hält ab von Schändlichem und Verwerflichem. Und das Gedenken Allahs ist wahrlich das Größte." (Sure 29:45 – Al-Ankabut)

Jedes Gebet folgt dem natürlichen Rhythmus des Universums – dem Aufgehen und Untergehen der Sonne, dem Wechsel von Tag und Nacht. Der Muslim richtet sich in jedem Gebet nach Mekka aus, so wie sich die Planeten nach ihrer Bahn bewegen. Die körperliche Haltung während des Gebets ist eine physische und spirituelle Unterwerfung unter Allah, ein Zeichen der Harmonie zwischen Mensch und göttlicher Ordnung.

## Die fünf Gebetszeiten folgen dem Rhythmus der Sonne:

**Fajr** (Morgengebet) – Der Beginn eines neuen Tages, das Licht des Glaubens vertreibt die Dunkelheit der Unwissenheit.

**Dhuhr** (Mittagsgebet) – In der Mitte des Tages ruft Allah den Menschen zurück zur Besinnung.

**Asr** (Nachmittagsgebet) – Die Zeit der Reflexion über die Handlungen des Tages.

**Maghrib** (Abendgebet) – Das Licht schwindet, ein Moment der Dankbarkeit und der inneren Einkehr.

**Isha** (Nachtgebet) – Die Stille der Nacht als Einladung zur spirituellen Verbindung mit Allah.

Das Universum selbst befindet sich in einem ewigen Zyklus – von Sonnenaufgang bis Sonnenuntergang, von Ebbe bis Flut, von Werden und Vergehen. So wie das Universum seinem göttlichen Rhythmus folgt, so ordnet auch das Gebet das Leben eines Muslims.

## Zakat (Die Almosensteuer) – Das Gleichgewicht des Gebens und Nehmens

Zakat ist mehr als nur eine finanzielle Abgabe – sie ist ein Akt der Reinigung, ein Zeichen, dass der Mensch seine weltlichen Besitztümer nicht als alleinige Quelle des Glücks betrachtet. Allah selbst weist im Koran darauf hin, dass Wohlstand eine Prüfung ist und das Teilen mit den Bedürftigen eine Pflicht:

"Und verrichtet das Gebet und entrichtet die Abgabe (Zakat), und was ihr an Gutem vorausschickt für euch selbst, das werdet ihr bei Allah wiederfinden. Gewiss, Allah sieht wohl, was ihr tut." (Sure 2:110 – Al-Baqara)

Das Universum kennt keinen Stillstand – nichts existiert für sich allein. Wasser fließt, Luft bewegt sich, Licht breitet sich aus. Ebenso ist der Mensch Teil dieser göttlichen Ordnung und darf nicht nur nehmen, sondern muss auch geben.

## Sawm (Das Fasten im Ramadan) – Die Reinigung von Körper und Seele

Das Fasten ist eine Rückkehr zur Essenz des Seins, eine Zeit, in der sich der Mensch von weltlichen Abhängigkeiten befreit und seine spirituelle Wahrnehmung schärft. Der Koran beschreibt das Fasten als eine Methode der Läuterung, die nicht nur den Körper, sondern auch die Seele reinigt:

"O die ihr glaubt, vorgeschrieben ist euch das Fasten, wie es denjenigen vor euch vorgeschrieben war, auf dass ihr gottesfürchtig werdet." (Sure 2:183 – Al-Baqara)

Diese Praxis ist nicht nur eine Pflicht, sondern ein Geschenk. Sie erinnert daran, dass das wahre Leben nicht aus Essen, Trinken oder Vergnügungen besteht, sondern aus der Verbindung mit Allah. Das Universum selbst kennt Phasen der Entbehrung – die Natur ruht im Winter, um im Frühling neu zu erblühen. Der Mensch fastet nicht, um sich zu schwächen, sondern um sich innerlich zu erneuern.

## Hajj (Die Pilgerfahrt) – Die Reise zur göttlichen Einheit

Die Hajj ist mehr als nur eine Reise nach Mekka. Sie ist die spirituelle Heimkehr des Menschen zu seiner göttlichen Quelle. Der Koran beschreibt diesen Ritus als eine Verpflichtung für alle Gläubigen, die dazu in der Lage sind:

"Und rufe die Menschen zur Pilgerfahrt auf. Sie werden zu dir kommen zu Fuß und auf jeder mageren Kamelflinte, sie werden aus jeder tiefen Schlucht kommen." (Sure 22:27 – Al-Hadsch)

Während der Hajj versammeln sich Millionen von Menschen aus allen Teilen der Welt, um gemeinsam die Riten zu vollziehen, die bereits von Abraham und Ismael begründet wurden. Das Tragen des weißen Gewandes (Ihram) symbolisiert die Gleichheit aller Menschen vor Allah. In diesem Moment gibt es keine sozialen Unterschiede – Könige und Arme stehen Seite an Seite, vereint in ihrer Hingabe zu Allah.

Das Kreisen um die Kaaba spiegelt die Bewegung der Planeten um die Sonne wider – ein Symbol dafür, dass alles im Universum einer göttlichen Ordnung folgt. Die

Hajj ist die Vollendung des Glaubenswegs, ein Zeichen dafür, dass das Leben selbst eine Pilgerreise ist, die den Menschen letztlich zu Allah zurückführt.

## Die Säulen als Spiegel der göttlichen Ordnung

Die fünf Säulen des Islam sind nicht nur Regeln, sondern universelle Prinzipien, die den Menschen in die Ordnung des Universums einbetten. Sie stehen in direkter Verbindung zum Koran, der immer wieder betont, dass der Glaube nicht getrennt vom täglichen Leben existiert, sondern tief mit allem verwoben ist, was den Menschen umgibt.

"Wer nun im Gewicht eines Stäubchens Gutes tut, wird es sehen. Und wer im Gewicht eines Stäubchens Böses tut, wird es sehen." (Sure 99:7-8 – Az-Zalzalah)

Diese Worte erinnern daran, dass jede Tat, ob klein oder groß, ihren Platz in der Schöpfung hat. Die Säulen des Islam helfen dem Menschen, in diesem gewaltigen Gefüge seinen Platz zu finden, seine Rolle zu erkennen und sich in die göttliche Harmonie einzufügen. Wer sie aufrichtig lebt, erfährt nicht nur den Segen Allahs, sondern auch die tiefste Erkenntnis: dass Glaube, Wissen und das Universum untrennbar miteinander verbunden sind.

## Vom Wachsen des menschlichen Geistes zu den Heiligen Schriften

Der Mensch hat sich im Lauf der Geschichte nicht nur körperlich, sondern vor allem in seinem Geist und Denken weiterentwickelt. Immer mehr konnte er über den gewohnten Tellerrand hinausschauen, die Dinge hinterfragen und nach Sinn und Ursprung suchen. In dieser Entwicklung lag eine göttliche Gnade: Allah gab uns die Fähigkeit, uns zu entfalten und zu erkennen, dass wir Teil einer größeren Ordnung sind.

Dies spiegelt sich in den Heiligen Schriften wider, die in verschiedenen Epochen offenbart wurden. Sie begleiten den Menschen auf seiner geistigen Reise, fordern ihn heraus und schenken ihm zugleich Trost und Orientierung. Mit der letzten Offenbarung durch den Koran – herabgesandt über den Engel Gabriel an den Propheten Mohammed (Frieden sei auf ihm) – wurde ein abschließendes Manifest der göttlichen Liebe und der grenzenlosen Lebendigkeit des Universums gegeben. Es vereint die Weisheiten der vorangegangenen Schriften und führt den Blick des Menschen endgültig über alles Irdische hinaus, hinein in die Dimension des Vertrauens auf Allah.

So fügen sich die Heiligen Schriften zu einem fortlaufenden Gespräch zwischen dem Schöpfer und seinen Geschöpfen. In den kommenden Kapiteln werden wir eintauchen in die Tiefe dieser Texte, ihre Bedeutung für den Menschen und ihre beständige Botschaft der Liebe, der Demut und des lebendigen Universums. Mögen wir in unserem geistigen Wachstum nie stehenbleiben, sondern uns von jedem Wort berühren lassen, das Allah uns schenkt.

# Kapitel 5:

## Die Einheit von Glaube und Wissen

Als meine Seele ihre Reise antrat und ich mich zwischen dieser Welt und dem Jenseits befand, erhielt ich einen tiefen Einblick in die verborgene Ordnung des Universums. Ich sah, dass nichts ohne Grund geschieht, dass jedes Ereignis, jedes Leben und jede Offenbarung Teil eines großen, göttlichen Plans ist.

Es wurde mir gezeigt, dass Wissen und Glaube keine getrennten Pfade sind, sondern zwei Ströme, die in denselben Ozean der Wahrheit münden. Das Universum ist kein zufälliger, leerer Raum – es ist lebendig, es atmet, es wächst, es trägt die Handschrift Allahs in jedem einzelnen seiner Wunder.

Im Mittelalter sahen islamische, christliche und jüdische Gelehrte das Studium der Natur als einen Weg, die Spuren *Allahs* in der Schöpfung zu entdecken. Die Welt erschien ihnen als liebevoll gestaltetes Werk des Allmächtigen, dessen Regeln und Gesetze den Menschen zur Erkenntnis führten. Dieses tiefe Bewusstsein, dass Glaube und Wissen keine Gegensätze darstellen, sondern einander ergänzen, durchzieht alle Heiligen Schriften – von der Tora über das Evangelium bis hin zum Koran. Ich habe in meiner Reise erkannt, dass nichts existiert, das nicht durch Allahs Liebe gehalten wird. Die Sterne leuchten nicht zufällig, die Planeten kreisen nicht willkürlich – alles folgt einer göttlichen Ordnung, die in den Heiligen Schriften offenbart wurde.

Wer mit offenem Herzen in diese Texte eintaucht, erkennt, dass wir in *Allahs* weitläufigem Garten leben: Das Universum selbst ist wie eine unendlich wachsende Anlage, erfüllt von Zeichen göttlicher Fürsorge. Die Bäume in diesem Garten – seien es die Weisheiten aus der Tora, die Lehren Jesu oder die Offenbarungen des Korans – wurzeln alle in derselben Erde: der Liebe Allahs. Und obwohl jeder Baum eine eigene Gestalt und Frucht trägt, wachsen sie unter der gleichen Sonne des Glaubens. Ich habe erkannt, dass jede dieser Schriften ein Echo der Wahrheit ist, die von Anbeginn der Zeit existiert. Sie wurden nicht niedergeschrieben, weil *Allah* sich ändert, sondern weil der Mensch immer wieder erinnert werden muss, dass die wahre Kraft nicht in Gold oder Waffen liegt, sondern in der Liebe, die *Allah* in jedes Herz gelegt hat.

## Von Bagdad bis Córdoba, von Paris bis Timbuktu

Die Gelehrten des Mittelalters, seien es Ibn Rushd in al-Andalus, Al-Khwarizmi in Bagdad oder Thomas von Aquin in Paris, sahen in der Natur keinen Widerspruch zum Glauben, sondern vielmehr ein zusätzliches Buch der Offenbarung. Sie erkannten, dass das Universum ein lebendiges Wesen ist, dessen Gesetze nicht blind, sondern voller göttlicher Weisheit sind. Im Herzen des islamischen Reiches entstand Bagdads „Haus der Weisheit“ (Bayt al-Hikma), in dem Übersetzer und Gelehrte aus verschiedenen Traditionen zusammenkamen. Sie sammelten Schriften aus Griechenland, Persien und Indien, um das Wissen über Medizin, Astronomie und Philosophie mit den Worten des Korans zu vereinen. Gleichzeitig entwickelte sich in Córdoba ein Zentrum, in dem Muslime, Juden und Christen gemeinsam forschten und lernten.

Auch in Timbuktu, im westafrikanischen Mali, blühte eine Buchkultur, die nicht nur den Koran studierte, sondern auch die verborgene Ordnung der Sterne, die Heilkräfte der Natur und die Struktur der Sprache. Ich sehe darin einen Beweis, dass der menschliche Wissensdurst ein Geschenk Allahs ist, denn wer mit aufrichtigem Herzen sucht, wird immer zur Wahrheit geführt.

Im lateinischen Europa wuchsen Universitäten in Bologna, Paris und Oxford heran, die zunächst eng mit den

Kathedralen und Klöstern verbunden waren. Doch die Gelehrten dort erkannten, dass wahre Erkenntnis nicht durch Dogmen begrenzt werden kann. Manuskripte reisten über den Mittelmeerraum, Händler und Pilger trugen sie von Nordafrika nach Italien und von dort nach ganz Europa. Das Universum selbst scheint den Wissensdurst des Menschen zu nähren, denn das Streben nach Wahrheit ist nichts anderes als der Wunsch, sich *Allah* anzunähern.

## Familien, die Sehnsucht nach Wissen und die Macht der Liebe

Wissen wurde von Generation zu Generation weitergegeben. Eltern ermutigten ihre Kinder, Lesen und Schreiben zu lernen, damit sie die Worte Allahs im Koran verstehen konnten. Dieser Familiensinn verband sich mit der Liebe zur Bildung – eine Liebe, die in allen Glaubensgemeinschaften als heilig galt. In den Abendstunden, im Schein der Öllampen, erzählten Väter und Mütter ihren Kindern Geschichten über die Propheten – über Noach, Moses, Maria und Jesus, über Mohammed (Frieden sei auf ihm) und die frühen Muslime.

Diese Erzählungen waren nicht nur Lehrstoff, sondern lebendige Erinnerung daran, dass der Mensch nicht im Nichts lebt, sondern von Allahs Liebe umgeben ist. Wer den Sternenhimmel betrachtete, konnte darin die Ordnung erkennen, die in der kleinsten Blume ebenso existiert wie in den riesigen Galaxien. Ärzte und Philosophinnen forschten nicht aus Ehrgeiz, sondern weil sie wussten, dass jede Heilung, jede Entdeckung ein Dienst an Allahs Schöpfung war.

## Glaube und Wissen als verbindendes Element

Ich habe in meiner Reise erkannt, dass das Universum nicht willkürlich ist. Die Sterne bewegen sich in festen Bahnen, weil Allah sie in Harmonie gesetzt hat. Die Meere gehorchen dem Rhythmus der Gezeiten, weil Allahs Wille sie lenkt. Alles, was existiert, folgt Seiner Ordnung – und diese Ordnung wird durch Wissen und Glaube gleichermaßen erschlossen.

So wie die Gelehrten vergangener Zeiten durch ihre Studien Brücken zwischen den Kulturen bauten, so können auch heute Menschen in Kairo, London, Jakarta oder São Paulo Teil eines globalen Netzwerks werden. Die Reise der Worte ist lang, doch die Liebe Allahs, die in jedes Herz gelegt wurde, kennt keine Grenzen. Wissensdurst und Glaube sind nicht Gegensätze, sondern zwei Seiten derselben Wahrheit.

## Das ewige Gleichgewicht in Allahs Garten

Wir befinden uns stets unter dem Schutz Allahs, der uns im lebendigen Universum führt und leitet. Wie in einem riesigen Garten, den Er liebevoll angelegt hat, wachsen wir Menschen als Blumen, Bäume oder Sträucher. Wir sind zwar verschieden an Wuchs und Blüte, doch genährt durch dieselbe Sonne der göttlichen Gnade, dieselbe Erde der Barmherzigkeit.

Wenn wir das Göttliche im kleinsten Atom und in der Weite der Galaxien erkennen, verschmelzen Glaube und

Wissen in einem einzigen Akt der Dankbarkeit. Auch wenn heute Wissenschaft und Technologie den Alltag prägen, bleibt die göttliche Wahrheit dieselbe. Wer sie erkennt, wird Demut empfinden, denn mit jeder neuen Erkenntnis wird klarer, dass der menschliche Verstand nur ein Tropfen im Ozean Allahs ist.

Die Macht der Liebe zeigt sich dort, wo Menschen unterschiedlicher Kontinente und Kulturen gemeinsam nach Wahrheit suchen. Ob in den Texten der Tora, den Evangelien oder im Koran: Alle rufen uns dazu auf, das Universum als ein lebendiges, atmendes Wesen zu erkennen, das in der Liebe Allahs verankert ist. Möge jeder, der nach Wissen strebt, auch den Glauben finden – denn jede Erkenntnis ist ein Ruf Allahs, tiefer zu verstehen, zu staunen und zu lieben.

# Kapitel 6:

## Die Blütezeit der islamischen Wissenschaft

Als meine Seele ihre Reise antrat und ich mich zwischen dieser Welt und dem Jenseits befand, öffnete sich vor mir eine Wahrheit, die mein Herz mit Demut erfüllte. Ich sah, dass Wissen und Glaube keine getrennten Pfade sind, sondern zwei Ströme, die aus derselben göttlichen Quelle entspringen. Die Gelehrten vergangener Zeiten verstanden dies bereits: Sie erkannten, dass Allah den Verstand nicht als Gegensatz zum Glauben erschuf, sondern als Brücke zur Erkenntnis. Das Universum selbst ist ein lebendiger Beweis dafür, dass alles in Harmonie geschaffen wurde – jeder Stern, jede Zahl, jede heilende Pflanze trägt die Signatur Allahs. Es war nie der Mensch, der Wissen erschuf, sondern *Allah*, der es ihm offenbarte.

Im goldenen Zeitalter des Islam, das etwa vom 8. bis ins 14. Jahrhundert reichte, erblühte eine beeindruckende Kultur der Wissenschaft. Zentren wie Bagdad, Córdoba und Kairo wurden zu Oasen des Austauschs, in denen Gelehrte verschiedenster Herkunft gemeinsam studierten, übersetzten und schrieben. Sie sahen Wissen als göttliche Gabe, als Schlüssel zur Erforschung einer Schöpfung, die im Koran als geordnetes System gepriesen wird. Sie forschten nicht, um sich zu erhöhen, sondern um *Allahs* Schöpfung zu verstehen und zu ehren. Die Schriften der alten Philosophen wurden nicht als Bedrohung, sondern als weiteres Kapitel der göttlichen Ordnung betrachtet. Denn so, wie sich das Universum bewegt, so bewegt sich auch die Erkenntnis – niemals starr, sondern stets wachsend, wie ein Baum, der tief in der Wahrheit verwurzelt ist.

## Al-Haytham (965–1040) und die experimentelle Methode

Abu Ali al-Hasan Ibn al-Haytham, im Westen als Alhazen bekannt, erkannte in der Natur keine Willkür, sondern ein durchdachtes Gefüge, das nur durch sorgfältige Beobachtung verstanden werden kann. Seine Studien zur Lichtbrechung, zur Funktionsweise des Auges und zur Kameralinse zeigten, dass Allah dem Menschen nicht nur Augen gab, um zu sehen, sondern auch einen Verstand, um zu begreifen. Inspiriert durch die Koranverse, die auf die Zeichen Allahs in der Natur hinweisen, entwickelte er eine präzise experimentelle Methode: Hypothesen mussten durch Versuche überprüft werden. Für ihn war dies keine bloße Wissenschaft – es war ein Akt der Anbetung. Jedes Experiment war für ihn ein Eintauchen in den göttlichen Plan, eine Annäherung an das Licht der Wahrheit.

## Al-Khwarizmi und die mathematische Systematik

Muhammad ibn Musa al-Khwarizmi erkannte, dass das Universum mathematischen Prinzipien folgt. Seine Arbeiten zur Algebra, deren Name von seinem Werk al-dschabr abgeleitet wurde, legten das Fundament für die moderne Mathematik. Er sah in Zahlen nicht bloß Symbole, sondern einen göttlichen Code, der sich durch die gesamte Schöpfung zieht. Im Koran wird immer wieder betont, dass Allah alles mit Maß und Ordnung erschaffen hat. Al-Khwarizmi verstand, dass Mathematik kein menschengemachtes Konstrukt war – sie war eine Sprache, die Allah selbst in die Struktur des Universums legte. Seine Formeln und Algorithmen waren nicht nur Werkzeuge, um Probleme zu lösen, sondern Schlüssel, um Allahs Schöpfung zu verstehen.

## Avicenna (Ibn Sina) und die rationale Medizin

Avicenna, einer der größten Mediziner und Philosophen seiner Zeit, erkannte, dass Wissen ohne Mitgefühl bedeutungslos ist. Seine Kanon der Medizin wurde jahrhundertelang in Europa und Asien als Standardwerk genutzt. Er wusste, dass Heilung nicht nur im physischen Bereich stattfindet, sondern dass Geist und Körper miteinander verbunden sind. Für ihn war Medizin nicht einfach eine Wissenschaft, sondern eine Manifestation der Barmherzigkeit Allahs. So wie Allah die Menschen mit Nahrung versorgt, so gibt er ihnen auch das Wissen, Krankheiten zu heilen. Die Kunst der Medizin war für ihn ein Beweis dafür, dass Allah den Menschen nicht sich selbst überlassen hat, sondern ihn mit der Fähigkeit ausgestattet hat, sich und andere zu heilen.

## Der globale Austausch und das Zusammenspiel von Glaube und Wissen

Das goldene Zeitalter des Islam war nicht nur eine Zeit der Forschung, sondern auch eine Zeit der Verbindung. Manuskripte reisten von Andalusien über Nordafrika bis in den Nahen Osten. In den Bibliotheken von Córdoba, Kairo und Bagdad wurden griechische, persische und indische Werke bewahrt, studiert und weiterentwickelt. Dies war kein Wettstreit der Kulturen, sondern eine Symphonie des Wissens. Während viele europäische Gebiete im Dunkel der Unwissenheit verharrten, wurde in der islamischen Welt Licht verbreitet – das Licht des Wissens, das *Allah* selbst in die Herzen jener legte, die nach Wahrheit suchten.

## Wissen als göttliche Gabe

Im Koran finden sich zahlreiche Verse, die den Menschen dazu ermutigen, die Schöpfung zu betrachten und daraus zu lernen. Wissen ist nicht Besitz, sondern eine Verantwortung. Adam, der erste Mensch, wurde von *Allah* gelehrt, die Dinge bei ihren Namen zu nennen. Dies war der erste Akt des Wissens: das Verstehen der Schöpfung. Noah baute sein Schiff nicht durch bloßen Instinkt, sondern durch das Wissen, das Allah ihm offenbarte. Moses wurde nicht nur mit spirituellen Wahrheiten, sondern auch mit praktischer Weisheit gesegnet. Und Jesus heilte nicht durch Magie, sondern durch das Wissen, das ihm Allah gegeben hatte.

Mohammed (Frieden sei auf ihm) war die Vollendung dieser Kette. In der ersten Offenbarung wurde ihm gesagt: „Lies! Im Namen deines Herrn, der erschaffen hat.“ Diese Worte sind ein Aufruf an die Menschheit, niemals in Unwissenheit zu verharren, sondern immer weiter nach Wahrheit zu suchen. Denn jedes Wissen, das den Menschen näher zu *Allah* führt, ist ein Segen.

## In dieser Harmonie von Glaube und Wissen

Ich habe erkannt, dass Glaube und Wissen nicht zwei getrennte Wege sind. Sie sind ineinander verwoben, wie die Fäden eines Teppichs, die nur gemeinsam ein Muster ergeben. Das goldene Zeitalter des Islam erinnert uns daran, dass, wenn der Mensch in Demut forscht und sein Herz der Wahrheit öffnet, große Fortschritte möglich sind.

Die Gelehrten jener Zeit wussten, dass jede Zahl, jede Formel, jedes Experiment ein Schritt näher zu *Allah* ist.

So verband sich die Macht der Liebe, die in jedem Vers der Heiligen Schriften aufscheint, mit dem lebendigen Universum, das durch Experimente, Berechnungen und heilende Kunst entschlüsselt werden konnte. Wer im Geiste dieser Gelehrten weiterforscht, entdeckt, dass Allah nicht nur in den Texten spricht, sondern auch in jeder Zahl, in jedem Lichtstrahl und in jeder menschlichen Zelle – und stets ruft *Er* den Menschen zur Liebe auf, zur Versöhnung und zur Dankbarkeit für das Geschenk des Wissens.

## Das lebendige Universum und die unaufhörliche Reise der Wahrheit

Wie das Universum sich stetig ausdehnt, so wächst auch das Wissen. Doch wahres Wissen bringt Demut – denn je mehr wir verstehen, desto mehr erkennen wir, wie wenig wir wirklich wissen. Ich habe in meiner Nahtoderfahrung gesehen, dass alle Wege am Ende zu Allah führen. Manche gehen den Weg über Zahlen, andere über die Heilkunst, wieder andere über die Sterne. Doch alle entdecken, dass hinter allem eine unendliche Liebe steht, die uns hält und leitet.

Die große Lehre des goldenen Zeitalters ist, dass Wissen kein Besitz ist, sondern eine Gabe, die geteilt werden muss. Wer Wissen hortet, verliert es. Wer es in Liebe weitergibt, vervielfältigt es. So ist es auch mit dem Glauben. Wissen und Glaube sind nichts anderes als zwei Spiegel, die dasselbe Licht reflektieren: das Licht Allahs, das alles durchdringt. Und so bleibt das Universum in ständiger Bewegung – lebendig, atmend, voller Wunder.

# Kapitel 7:

## Die Einheit von Glaube und Wissen – Die christliche Scholastik und das fortlaufende Band der Heiligen Schriften

Als meine Seele immer noch auf ihrer Reise war, während ich mich in jenem Zustand zwischen Diesseits und Jenseits befand, öffnete sich mir eine Wahrheit, die nicht in Worten zu fassen ist. Ich sah mein Leben, meine Vergangenheit und die gesamte Geschichte der Menschheit als einen einzigen Fluss, eingebettet in die unendliche Ordnung des Universums. Es war keine chaotische Abfolge von Ereignissen, sondern ein harmonisches Zusammenspiel, in dem Wissen und Glaube nie getrennt voneinander existierten. Ich erkannte, dass Allah den Menschen nicht nur mit einem Herzen zum Glauben, sondern auch mit einem Verstand zur Erkenntnis ausgestattet hat. Alles Wissen, jede Entdeckung, jede Wahrheit, die ein Mensch je verstanden hat, war nicht sein eigenes Werk, sondern eine Offenbarung Allahs, die er nur zu entschlüsseln hatte.

Diese Erkenntnis trug mich durch die Geschichte der Menschheit, ließ mich sehen, wie das Streben nach Wissen und der Wunsch nach göttlicher Nähe sich über Jahrhunderte hinweg entfalteten. In der islamischen Welt blühte die Wissenschaft auf, durchdrungen von der tiefen Gewissheit, dass jede mathematische Formel, jede medizinische Heilung und jede philosophische Erkenntnis ein Spiegel der göttlichen Schöpfung ist. Doch auch in Europa erwachte diese Einsicht, wenn auch auf einem anderen Weg. Dort entwickelte sich eine Bewegung, die versuchte, Glaube und Vernunft zu vereinen – die Scholastik.

## Die Scholastik – Wenn der Verstand den Glauben sucht

Im Mittelalter suchten christliche Gelehrte nach einem Weg, Glaube und Wissen zu versöhnen. In Klöstern und Universitäten studierten sie nicht nur die Bibel, sondern auch die Werke islamischer Gelehrter wie Avicenna (Ibn Sina), Al-Khwarizmi und Averroes (Ibn Rushd). Thomas von Aquin, einer der größten Denker dieser Zeit, erkannte, dass Wahrheit nicht nur durch die Offenbarung, sondern auch durch den Verstand erkannt werden kann. Er sah keinen Widerspruch darin, Wissen zu erlangen, denn er wusste: Wenn alles aus *Allahs* Schöpfung stammt, dann kann auch das Wissen über die Schöpfung niemals gegen Allah sein.

So wie sich das Universum in geordneten Bahnen bewegt, suchten die Scholastiker nach einer Ordnung im Denken. Sie glaubten, dass Logik und Philosophie keine Gegner des Glaubens sind, sondern seine Diener. Glaube war für sie nicht blindes Annehmen, sondern ein Prozess, der sich durch das Staunen über die Schöpfung vertiefte. Jedes Studium, jede wissenschaftliche Entdeckung war für sie ein weiterer Schritt zur Erkenntnis Allahs.

## Familien, Herrscher und das Streben nach Wissen

Während in der islamischen Welt Kalifen Bibliotheken und Wissenschaftszentren errichteten, um Wissen zu bewahren, wurden in Europa Klöster und Universitäten zu Orten, an denen junge Menschen lernten, wie sie den Glauben mit der Vernunft verbinden konnten. Familien opferten ihr Hab und Gut, um ihren Kindern Bildung zu ermöglichen. Sie wussten, dass wahres Wissen nicht nur den Verstand nährt, sondern auch das Herz erhellt.

Doch nicht jeder sah in der Suche nach Erkenntnis etwas Gutes. Es gab Herrscher, die Angst hatten, dass zu viel Wissen ihre Macht gefährden könnte. So wie manche arabische Kalifen den freien Geist der Wissenschaft förderten, während andere ihn unterdrückten, gab es auch in Europa Zeiten, in denen Gelehrte verfolgt wurden. Doch die Sehnsucht nach Wahrheit lässt sich nicht aufhalten. Wie das Universum, das sich unaufhörlich ausdehnt, so wächst auch die Erkenntnis, wenn sie von Allah selbst geleitet wird.

## Eine Debattenkultur der Liebe und Vernunft

Die Scholastiker führten leidenschaftliche Diskussionen. Sie fragten:

Wie kann der Mensch mit Sicherheit wissen, was richtig und was falsch ist?

Wie können wir Gerechtigkeit in der Welt verwirklichen? Wie erkennen wir die Wahrheit?

Dabei lehnten sie sich an die Lehren islamischer Denker an, die dieselben Fragen stellten. Die Universitäten in Europa wurden zu Orten, an denen der Austausch zwischen verschiedenen Kulturen und Religionen stattfand. Man übersetzte die Werke islamischer Gelehrter ins Lateinische und las sie als wertvolle Ergänzung zum christlichen Denken.

Dies zeigt, dass die göttliche Wahrheit nicht einer einzigen Gemeinschaft gehört. Sie ist wie das Licht der Sonne, das über alle scheint, egal welche Sprache sie sprechen oder welcher Kultur sie entstammen. Es gibt keine Trennung zwischen „unserer“ und „ihrer“ Wahrheit – es gibt nur *Allahs* Wahrheit, die sich in verschiedenen Zeiten und auf verschiedene Weisen offenbart.

## Die Einheit der Heiligen Schriften – Ein Band durch die Zeiten

In meiner Nahtoderfahrung erkannte ich, dass das Alte Testament, das Evangelium und der Koran nicht gegeneinander stehen, sondern wie Kapitel eines einzigen Buches sind. Allah sandte immer wieder Propheten, um die Menschheit auf den richtigen Weg zu führen. Doch während das Alte Testament den Bund mit Israel beschreibt und das Evangelium sich auf die Botschaft Jesu konzentriert, bringt der Koran die endgültige Offenbarung.

Ich verstand, dass viele Menschen das Neue Testament verinnerlichten, weil es auf menschlicher Ebene erzählt wurde, aus der Angst und Verfolgung der ersten Christen heraus. Doch dabei wurde etwas Wesentliches aus dem Fokus gerückt – die unermessliche Größe Allahs, die sich jenseits aller menschlichen Begrenzungen entfaltet. Allah wurde im Christentum zunehmend als „Vater" Jesu bezeichnet, was ihn für viele auf eine irdische Ebene herabzog. Der Koran jedoch brachte die endgültige Klarstellung: Allah ist jenseits von allem, was wir uns vorstellen können. Er ist das ewig Lebendige, das Licht, das durch das gesamte Universum fließt.

## Die Erkenntnis aus Vergangenheit und Gegenwart

Die Heiligen Schriften sind wie ein großes Gespräch, das sich über Jahrtausende erstreckt. In ihnen sind die Stimmen der Propheten bewahrt, die uns mahnen, erinnern und auf den richtigen Weg führen. Und so wie sich die Wissenschaft entwickelt, so wächst auch unser Verständnis dieser göttlichen Botschaften. Wir dürfen nie vergessen, dass Glaube und Wissen nicht gegeneinander stehen. Wer forscht, sucht nach Wahrheit. Wer glaubt, sucht nach Wahrheit. Und Wahrheit führt immer zu *Allah.*

Ich habe gesehen, dass das Universum nicht nur Materie ist. Es lebt, es atmet, es trägt die Liebe Allahs in jeder Welle, in jedem Lichtstrahl, in jeder leisen Bewegung des Windes. Glaube und Wissen sind zwei Seiten derselben Realität. Und so wie sich das Universum ausdehnt, ist auch unsere Seele dazu bestimmt, sich zu erweitern, zu lernen und zu wachsen.

## Das Fazit meiner Reise – Das lebendige Universum und die unaufhörliche Liebe

Das Streben nach Wissen ist Teil der göttlichen Ordnung. Es ist keine menschliche Errungenschaft, sondern ein Geschenk Allahs. Er gab uns Verstand, um zu lernen, und ein Herz, um zu verstehen. Die islamische Wissenschaft und die christliche Scholastik zeigten, dass, wenn Menschen zusammenkommen, um nach Wahrheit zu suchen, Großes entsteht.

Die Heiligen Schriften sind keine alten Texte, sondern lebendige Botschaften. Sie verbinden uns mit der Vergangenheit, weisen uns den Weg in die Zukunft und erinnern uns daran, dass wir Teil eines größeren Plans sind.

Ich weiß heute, dass meine Reise kein Zufall war. Alles, was ich erlebt habe – meine Taufe, meine Abkehr von der

Kirche, mein Weg zum Islam – war von Allah vorherbestimmt. Ich trage meinen Namen, weil es Allahs Wille war. Aber mein Herz gehört Ihm, und das ist die einzige Wahrheit, die zählt.

Möge jeder, der nach Wissen strebt, erkennen, dass er sich in Wahrheit Allah nähert. Möge jeder, der nach Liebe sucht, verstehen, dass Allah die Liebe selbst ist. Und möge das lebendige Universum uns alle daran erinnern, dass wir niemals alleine sind – denn Allahs Licht umgibt uns, in jedem Moment, in jedem Atemzug, in jeder Erkenntnis.

# Kapitel 8:

## Das Licht der Erkenntnis – Die Verbindung von Wissen, Glaube und der göttlichen Ordnung

Wenn ich heute in die Sterne blicke, wenn ich das Licht der Sonne spüre oder das sanfte Flackern einer Kerze beobachte, dann sehe ich mehr als nur physikalische Phänomene. Ich sehe das Licht als Zeichen Allahs, als ewige Erinnerung an die göttliche Ordnung, die das Universum durchzieht. Das Licht bringt nicht nur Helligkeit, es offenbart auch Wahrheit. Es vertreibt die Dunkelheit, nicht nur in der physischen Welt, sondern auch in den Herzen der Menschen.

Ich stelle mir vor, wie Al-Haytham, der große Gelehrte, vor über tausend Jahren das Licht erforschte, seine Gesetze entschlüsselte und die Grundlagen der modernen Optik schuf. Für ihn war das Licht nicht nur eine wissenschaftliche Größe, sondern ein Symbol der Erkenntnis, ein Ausdruck der göttlichen Weisheit. Er wollte nicht nur verstehen, wie das Auge sieht, sondern auch, wie der Mensch die Wahrheit erkennen kann. Es ist diese Verbindung von Wissenschaft und Glaube, die mich fasziniert und die in der heutigen Welt oft verloren gegangen zu sein scheint.

Ich frage mich oft, warum wir in einer Zeit, in der wir so viel wissen, in der wir das Universum berechnen und die kleinsten Teilchen entschlüsseln können, dennoch so weit entfernt sind von der wahren Erkenntnis. Damals, in den goldenen Zeiten islamischer Gelehrsamkeit, sahen Menschen wie Al-Haytham, Al-Khwarizmi oder Ibn Sina

Wissen als eine göttliche Gabe. Sie forschten nicht, um sich selbst zu erhöhen, sondern um Allahs Ordnung zu erkennen. Mathematik, Medizin, Astronomie – all das war für sie ein Mittel, um das Universum zu verstehen, das Allah in vollkommener Harmonie erschaffen hat.

Heute leben wir in einer Welt, in der Licht allgegenwärtig ist. Wir haben die Dunkelheit mit künstlichen Mitteln vertrieben, doch gleichzeitig sind viele Menschen innerlich erloschen. Wissenschaft hat uns unglaubliche Möglichkeiten geschenkt, doch wir haben oft vergessen, warum wir forschen. Es ist nicht die Technologie, die uns rettet, sondern das Wissen, das mit Demut und Liebe genutzt wird.

Wenn ich an mein eigenes Leben denke, dann erkenne ich, dass auch ich lange Zeit nur nach Antworten gesucht habe, ohne zu verstehen, dass die wahre Erkenntnis in der Verbindung von Herz und Verstand liegt. Meine Reise durch verschiedene Glaubenswege, mein Hinterfragen der Religionen, meine Suche nach Wahrheit – all das war ein Weg durch die Dunkelheit, auf der Suche nach dem Licht. Und als ich schließlich den Islam fand, fühlte es sich an, als hätte Allah mir die Augen geöffnet. Ich verstand, dass Wissen und Glaube untrennbar verbunden sind, dass der Verstand ohne die göttliche Führung orientierungslos bleibt.

Al-Haytham bewies durch seine Experimente, dass das Licht in geraden Linien reist, dass es reflektiert und gebrochen werden kann. Doch Licht ist mehr als nur eine physikalische Erscheinung. Es ist die Essenz dessen, was das Universum zusammenhält. Ohne Licht gibt es kein Leben. Ohne Erkenntnis gibt es keinen Fortschritt. Ohne Wahrheit gibt es keinen Frieden.

Ich denke an all die großen Zivilisationen, die einst blühten, als Wissen und Glaube Hand in Hand gingen, und die zerfielen, als sie diese Verbindung verloren. Ich frage mich, ob unsere moderne Welt auf denselben Pfaden wandelt. Wir streben nach technischem Fortschritt, doch wir verlieren oft den Blick für das Wesentliche. Wir erleuchten Städte mit unzähligen Lichtern, doch unsere Seelen bleiben oft im Schatten.

Al-Khwarizmi betrachtete die Mathematik als Sprache Allahs, als eine Struktur, die das Universum durchzieht. Ibn Sina sah in der Medizin nicht nur eine Wissenschaft, sondern eine Form der Barmherzigkeit, ein Mittel, um Allahs Liebe in der Heilung zu zeigen. Ich frage mich, wie sie unsere heutige Welt betrachten würden. Würden sie in unserem Wissen Fortschritt sehen oder einen Irrweg?

Und dann blicke ich in mich selbst, in meine eigene Vergangenheit, in meine eigene Suche. Ich erinnere mich an Momente der Zweifel, an Zeiten, in denen ich nach Wissen strebte, aber nicht verstand, dass es ohne spirituelle Verbindung leer bleibt. Und dann erinnere ich mich an den Moment, in dem ich den Islam annahm, an das Gefühl, dass sich endlich alles zusammenfügt – dass Wissen nicht nur aus Büchern kommt, sondern aus der tiefen Einsicht, dass alles, was existiert, von Allah erschaffen wurde.

Licht ist ein Zeichen. Wissen ist ein Zeichen. Alles im Universum ist ein Zeichen, wenn wir bereit sind, es zu sehen. So wie Al-Haytham das Licht analysierte und verstand, dass es sich in bestimmten Gesetzen bewegt, so müssen auch wir verstehen, dass unser Leben einer göttlichen Ordnung folgt. Und wenn wir dies erkennen, dann sehen wir, dass das größte Wissen nicht in Zahlen oder Formeln liegt, sondern in der Liebe. In der Liebe zu Allah, in der Liebe zur Schöpfung, in der Liebe zur Wahrheit.

Vielleicht ist es das, was ich am meisten aus meiner eigenen Reise gelernt habe. Dass am Ende nicht das reine Wissen uns rettet, sondern die Weise, wie wir es nutzen. Dass nicht der Fortschritt an sich zählt, sondern der Sinn, der dahintersteht. Dass Licht nicht nur dazu da ist, Dunkelheit zu vertreiben, sondern auch, um uns den Weg zu zeigen.

Und so sehe ich heute in jeder Erkenntnis, in jeder Wissenschaft, in jedem Fortschritt die Spuren Allahs. Ich sehe, dass das Universum lebt, dass es mit uns kommuniziert, dass es uns lehrt, wenn wir bereit sind, zu lernen. Und ich weiß, dass die größte aller Erkenntnisse immer dieselbe bleiben wird: Liebe ist die stärkste Kraft im Universum, und wer sie versteht, hat das wahre Licht gefunden.

# Kapitel 9:

## Die Sprache der Zahlen – Die Verbindung zwischen Glaube, Mathematik und der göttlichen Ordnung

Seit jeher suche ich nach Mustern. In allem, was mich umgibt, finde ich Zahlen, Strukturen, Verhältnisse, die mir helfen, die Welt zu verstehen. Obwohl mein Glaube an Allah und die Macht der Liebe tief verwurzelt ist und ich das Universum als lebendiges Wesen betrachte, verfalle ich immer wieder den Zahlen. Sie begleiten mich, sie leiten mich, sie beruhigen mich. Und während viele sagen, dass Glaube und Mathematik nicht zusammenpassen, spüre ich das Gegenteil. Für mich sind Zahlen ein weiteres Zeichen der göttlichen Ordnung, ein Schlüssel, um Allahs Plan in der Schöpfung zu erkennen.

Ich erinnere mich an die ersten Male, als ich begann, mein Leben in Zahlen zu setzen. Wie oft treten bestimmte Ereignisse ein? Wie viele Schritte benötige ich, um von einem Punkt zum anderen zu gelangen? Wie hoch ist die Wahrscheinlichkeit, dass ein bestimmtes Ergebnis eintritt? Ich kann nicht anders, als alles in Zahlen gegenüberzustellen. Manche mögen sagen, dass dies eine kalte Art ist, die Welt zu betrachten, aber für mich ist es das Gegenteil: Zahlen sind ein Beweis für die Perfektion der Schöpfung, ein Zeichen dafür, dass nichts dem Zufall überlassen wurde.

Der Koran selbst enthält zahllose mathematische Strukturen. Die Wiederholung bestimmter Wörter, die Anzahl der Verse, die Proportionen zwischen bestimmten Begriffen – all das offenbart eine tiefe, bewusste Ordnung, die nicht willkürlich ist. So wie das Alte Testament Zahlen mit göttlicher Symbolik auflädt – die Sieben als Zeichen der Vollständigkeit, die Zwölf als Zahl der Stämme Israels –, so zeigt auch der Koran, dass Mathematik nicht nur eine menschliche Erfindung ist, sondern eine Sprache, durch die Allah spricht.

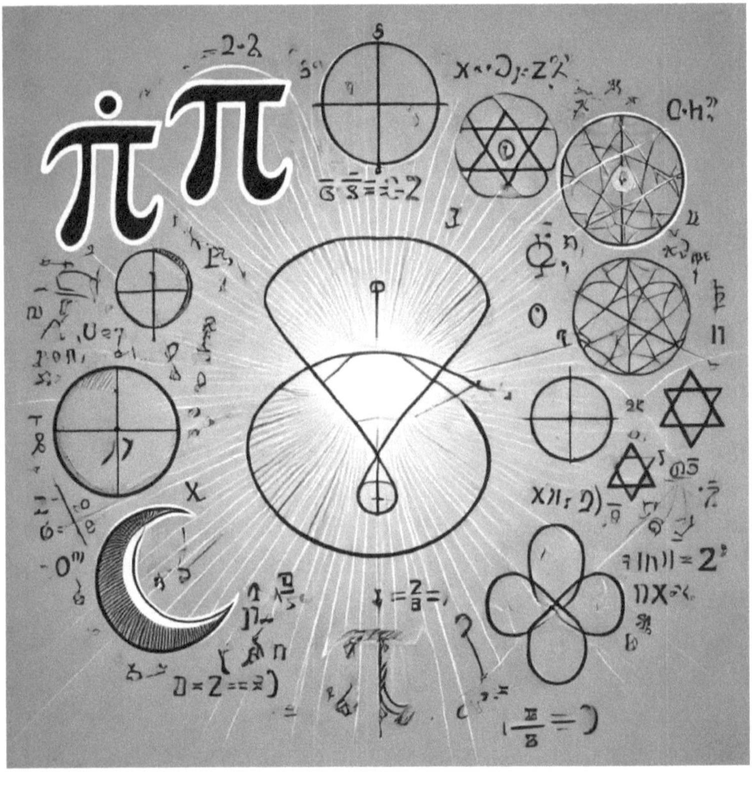

Ich stelle mir oft vor, wie Al-Khwarizmi, der Vater der Algebra, in Bagdad über Zahlen brütete, sie ordnete, formte und in Regeln fasste, die bis heute unser Verständnis von Mathematik prägen. Für ihn war Mathematik kein bloßes Werkzeug, sondern eine göttliche Struktur, eine Ordnung, die in allem existiert. Ohne Zahlen gibt es keine Musik, keine Architektur, keine

Naturgesetze. Alles folgt einer Berechnung, einer Harmonie, die sich durch das gesamte Universum zieht.

Manchmal frage ich mich, ob es Zufall ist, dass ich mit Zahlen so gut zurechtkomme. Oder ob es Teil meines Weges ist, Teil dessen, was Allah für mich vorgesehen hat. Ich kann mich der Logik nicht entziehen, sie ist tief in mir verankert. Doch zugleich weiß ich, dass es Dinge gibt, die über die Zahlen hinausgehen. Die Liebe kann nicht berechnet werden, der Glaube kennt keine Formel. Und trotzdem versuche ich es immer wieder – als ob ich das Unmessbare messen könnte, als ob ich die göttliche Liebe in eine Gleichung fassen könnte.

Aber vielleicht ist genau das die Schönheit der Mathematik. Sie bringt mich zum Staunen, so wie der Glaube mich zum Staunen bringt. Wenn ich eine mathematische Formel sehe, die perfekt aufgeht, dann spüre ich das gleiche Gefühl wie beim Gebet – eine Verbindung zu etwas Höherem, eine Bestätigung, dass das Universum nicht chaotisch ist, sondern einer Ordnung folgt, die jenseits unseres Verständnisses liegt.

Die alten Gelehrten wussten das. Sie studierten Mathematik nicht nur, um Probleme zu lösen, sondern um sich der göttlichen Wahrheit zu nähern. In den Moscheen der islamischen Welt findet man kunstvolle geometrische Muster, deren Schönheit nicht nur ästhetisch, sondern auch mathematisch ist. Die Kathedralen Europas wurden nach präzisen Proportionen gebaut, die das Göttliche widerspiegeln sollten. Die Zahlen sind überall, in jeder Religion, in jeder Kultur – als ob Allah sie bewusst in seine Schöpfung eingewoben hat, damit wir sie erkennen.

Ich denke an das Goldene Verhältnis, eine Zahl, die in der Natur immer wieder erscheint: in den Spiralen von

Muscheln, in der Anordnung der Blätter an einer Pflanze, in der Struktur der Galaxien. Dieses Verhältnis, das als eine der schönsten mathematischen Konstanten gilt, zeigt mir, dass Schönheit nicht zufällig ist. Sie folgt Regeln, die tief in der Struktur des Universums verankert sind.

Manchmal frage ich mich, ob mein unaufhörlicher Drang, alles in Zahlen zu setzen, eine Prüfung ist. Vielleicht soll ich erkennen, dass nicht alles berechenbar ist, dass es Dinge gibt, die sich nicht in Gleichungen fassen lassen. Oder vielleicht ist es genau andersherum: Vielleicht sind Zahlen ein Geschenk, ein Werkzeug, das mir hilft, meinen Glauben noch tiefer zu verstehen.

Wenn ich heute auf die Welt blicke, sehe ich, dass viele Menschen Wissen und Glauben trennen. Sie denken, dass Wissenschaft und Spiritualität nicht zusammengehören, dass Mathematik und Religion sich widersprechen. Doch ich sehe es anders. Ich sehe, dass Mathematik eine Brücke ist, eine Möglichkeit, Allahs Ordnung zu verstehen. Sie zeigt mir, dass das Universum nicht ziellos ist, sondern einer höheren Logik folgt – einer Logik, die auf Liebe basiert, auf Harmonie, auf einem Gleichgewicht, das alles zusammenhält.

Vielleicht werde ich nie aufhören, Zahlen überall zu sehen. Vielleicht werde ich immer wieder versuchen, das Unberechenbare zu berechnen. Doch am Ende weiß ich eines: Egal, wie viele Zahlen ich analysiere, egal, wie sehr ich versuche, die Welt in Formeln zu fassen – das größte Gesetz, das alles regiert, bleibt die Liebe. Und diese Liebe lässt sich nicht messen, nicht berechnen. Sie kann nur gefühlt werden. Und das ist die einzige Wahrheit, die ich nicht in Zahlen ausdrücken muss.

# Kapitel 10:

## Philosophie als Brücke zwischen den Religionen – Die Suche nach Wahrheit und die unendliche Weisheit Allahs

Seit meiner Seelenreise ins Universum bin ich in gewisser Weise mein eigener Philosoph geworden. Ich habe Dinge gesehen und gefühlt, die nicht in Worte zu fassen sind, und dennoch erkenne ich die Bedeutung der Philosophie als Werkzeug, um die Schöpfung zu hinterfragen und zu verstehen. Ich weiß, dass Allah uns nicht nur Glauben, sondern auch Vernunft gegeben hat, um die Wege der Wahrheit zu erkunden. Deshalb respektiere ich auch jene philosophischen Ansätze, die versuchten, Allah zu widerlegen – denn letztlich führen sie doch wieder zu Ihm zurück. Es ist, als ob Er uns herausfordert, Ihn mit Logik zu hinterfragen, nur um am Ende zu erkennen, dass sein Sein über jede Logik hinausgeht.

Die Philosophie war seit jeher eine Brücke zwischen den Religionen. In der islamischen Welt waren es Denker wie Averroes (Ibn Rushd), Al-Farabi oder Avicenna, die sich mit den Lehren von Aristoteles und Platon auseinandersetzten und versuchten, sie mit den Offenbarungen des Korans in Einklang zu bringen. Sie sahen keine Trennung zwischen Glaube und Vernunft, sondern betrachteten die Philosophie als Weg, um die göttliche Wahrheit noch tiefer zu durchdringen.

Averroes, der in al-Andalus lebte, wurde zu einer der wichtigsten Figuren, die den geistigen Austausch zwischen der islamischen und der christlichen Welt prägten. Er schrieb Kommentare zu Aristoteles, die später in Europa auf großes Interesse stießen und das Denken von Thomas von Aquin und anderen christlichen Gelehrten beeinflussten. Seine Idee, dass die Vernunft nicht im Widerspruch zum Glauben steht, sondern ihn ergänzt, wurde zu einem Schlüssel für das mittelalterliche Denken.

Doch nicht jeder sah es so. Viele Herrscher und religiöse Autoritäten fürchteten, dass zu viel Philosophie den Glauben untergraben könnte. In der islamischen Welt gab es Phasen, in denen die philosophische Tradition unterdrückt wurde, genauso wie in Europa Philosophen verfolgt wurden, wenn ihre Gedanken zu sehr von der kirchlichen Lehre abwichen. Dabei vergaßen viele, dass der Koran selbst den Menschen auffordert, über die

Schöpfung nachzudenken, Fragen zu stellen und die Zeichen Allahs zu suchen.

Für mich ist es ein natürlicher Prozess, alles zu hinterfragen. Ich kann nicht blind glauben, ohne die Dinge zu durchdenken. Ich muss jedes Konzept drehen und wenden, es mit meinem Verstand erfassen, bevor ich es in mein Herz lasse. Aber je mehr ich hinterfrage, desto mehr erkenne ich, dass Allah nicht in Worte oder Formeln zu fassen ist. Jedes Argument gegen Ihn wird schließlich zu einem Argument für Ihn.

Die Philosophie versucht oft, das Sein zu definieren, die Existenz zu erklären, doch wenn ich mich im Universum verliere, sehe ich, dass Sein mehr ist als eine Definition. Allah ist nicht nur der Ursprung von allem, sondern auch der Sinn von allem. Kein Gedankenspiel, keine logische Konstruktion kann erfassen, was es bedeutet, dass Er ewig ist.

Ich habe gelernt, Philosophie nicht als Bedrohung des Glaubens zu sehen, sondern als eine von Allah gegebene Aufgabe. Er hat uns Vernunft geschenkt, nicht damit wir sie ignorieren, sondern damit wir durch sie zu Ihm finden. Wer sich mit der Philosophie beschäftigt, der folgt einem Pfad, der durch Zweifel und Fragen führt – aber am Ende steht immer die Erkenntnis, dass Allah unbegreiflich bleibt und dass darin die größte Wahrheit liegt.

Die großen Philosophen der Vergangenheit haben diesen Weg beschritten, und viele haben sich dabei verloren. Einige glaubten, dass der Mensch die Welt ohne Gott erklären könne, dass alles nur eine Frage der Logik sei. Doch wer die Wahrheit sucht, wird erkennen, dass Logik allein nicht ausreicht. Es gibt eine Ebene, auf der die Vernunft endet und das Herz beginnt. Dort, wo Argumente nicht mehr greifen, spricht die Seele. Und dort wartet Allah, nicht als Theorie, nicht als Konstruktion, sondern als das lebendige Licht, das in allem existiert.

Ich stelle mir oft vor, wie Averroes in Córdoba saß, über Manuskripte gebeugt, tief in Gedanken versunken. Er suchte eine Antwort auf die Frage, wie sich der Glaube mit der Vernunft verbinden lässt. Ich stelle mir vor, wie er versuchte, die Lehren von Aristoteles mit dem Koran in Einklang zu bringen, wie er das Wissen der Griechen mit der Offenbarung Allahs verknüpfte. Und ich erkenne, dass sein Kampf auch mein Kampf ist – der Kampf, alles zu verstehen und doch zu wissen, dass das Wichtigste jenseits des Verstehens liegt.

Heute leben wir in einer Zeit, in der die Philosophie oft als überflüssig betrachtet wird. Menschen wollen einfache Antworten, klare Regeln, schnelle Erklärungen. Doch ich glaube, dass die Fähigkeit, zu hinterfragen und nach Wahrheit zu suchen, wichtiger ist denn je. Philosophie ist nicht nur ein Relikt der Vergangenheit, sondern eine lebendige Brücke, die es uns ermöglicht, Glauben und Wissen zu verbinden, Tradition und Fortschritt in Einklang zu bringen.

Ich sehe meine eigene Reise als Teil dieser ewigen Suche. Ich war nie jemand, der einfach akzeptiert, was ihm gesagt wird. Ich muss alles selbst durchdenken, muss mich mit jeder Idee auseinandersetzen, bevor ich sie annehmen kann. Aber jedes Mal, wenn ich denke, ich hätte eine Antwort gefunden, öffnet sich eine neue Frage. Und das ist gut so. Denn Allah hat uns nicht erschaffen, damit wir aufhören zu suchen. Er hat uns den Verstand gegeben, damit wir Ihn hinterfragen – und dann mit dem Herzen erkennen.

So bleibt Philosophie für mich nicht nur ein intellektuelles Spiel, sondern eine spirituelle Reise. Sie ist der Beweis, dass Allah uns niemals zwingt, blind zu glauben, sondern dass Er uns Wege gibt, Ihn zu entdecken. Ob durch Wissenschaft, durch Theologie oder durch das bloße Staunen über das Universum – jede Suche nach Wahrheit führt am Ende zu Ihm. Denn Er ist nicht nur der Anfang, sondern auch das Ziel.

# Kapitel 11:

## Die Bedeutung des Dialogs zwischen den Religionen – Glaube und Wissen als Einheit für die Zukunft

Es gibt keinen Widerspruch zwischen Glauben und Wissen. Nur der Mensch hat es über Jahrhunderte hinweg so erscheinen lassen, als seien es zwei entgegengesetzte Wege. Doch wenn wir uns von dieser Illusion befreien, erkennen wir, dass Glaube und Wissen nicht nur koexistieren, sondern einander ergänzen. Sie sind zwei Seiten derselben Wahrheit, eingebettet in das lebendige Universum, das Allah erschaffen hat.

Ich habe meine Kinder mit einem tiefen und ehrlichen Glauben erzogen – einem Glauben, der nicht für andere existiert, sondern für sich selbst und die eigene Seele. Meine Frau und ich haben ihnen nie auferlegt, religiöse Texte auswendig zu lernen, um sich damit zu schmücken oder besser als andere Kinder zu sein. Sie wurden nicht mit Strenge oder Angst erzogen, sondern mit Liebe und der Freiheit, ihren eigenen Weg zu finden. Für uns war es wichtig, dass Glaube nicht aus Pflichtgefühl entsteht, sondern aus Überzeugung und aus dem Herzen.

Unsere Kinder besuchten bis zum zwölften Lebensjahr den katholischen Schulunterricht. Es war uns nie ein Anliegen, ihnen eine einseitige Perspektive aufzuzwingen. Wir wollten, dass sie selbst sehen und entscheiden können, welche Wege sich ihnen öffnen. In unserem Zuhause lebten wir den Islam – nicht als Zwang, sondern als ein natürliches Umfeld, in dem Gebete, Barmherzigkeit und Dankbarkeit ihren festen Platz hatten. Als sie zwölf Jahre alt wurden, entschieden sie sich bewusst für den Islam, nicht aus Erwartungshaltung oder Druck, sondern weil sie ihn als ihre Wahrheit erkannten. Von diesem Moment an wechselten sie in den Ethik-Unterricht, weil es für sie eine bewusste Entscheidung war, ihren Glauben auf ehrliche Weise weiterzuführen.

Unsere Familie hat stets an einen ehrlichen Glauben geglaubt. Wir beten nicht für andere, wir glauben nicht für andere – wir tun es für uns selbst, für unsere Seelen. Ich habe immer gespürt, dass Allah keinen blinden Gehorsam verlangt, sondern Ehrlichkeit in der Hingabe. Es geht nicht darum, nach außen hin perfekt zu erscheinen, sondern darum, im Inneren aufrichtig zu sein.

Die Idee, dass Wissen und Glaube Gegensätze seien, ist ein Irrtum, der durch Missverständnisse, Machtstrukturen und Angst genährt wurde. Es gibt unzählige Beispiele aus der Geschichte, die zeigen, dass genau das Gegenteil der Fall ist. Geistliche und Gelehrte haben sich immer wieder um den Dialog zwischen den Religionen bemüht, weil sie erkannten, dass Wissen und Glaube gemeinsam den Menschen auf eine höhere Ebene des Verstehens führen.

Im Mittelalter arbeiteten islamische, christliche und jüdische Gelehrte in Zentren wie Córdoba und Bagdad zusammen, übersetzten Texte, teilten Wissen und bereicherten sich gegenseitig. Der Islam lehrte, dass das Streben nach Wissen eine Pflicht ist, während christliche Denker wie Thomas von Aquin die Vernunft als Geschenk Allahs sahen. Die großen Denker jener Zeit wussten, dass Wahrheit universell ist – dass es keinen Unterschied macht, wer ein mathematisches Gesetz entdeckt oder ein medizinisches Verfahren entwickelt, solange es die Menschheit weiterbringt.

Heute jedoch haben wir uns von diesem Verständnis weit entfernt. Viele sehen Religion als eine Barriere, als etwas, das uns trennt, anstatt uns zu vereinen. Sie denken, dass Wissenschaft und Spiritualität in Konkurrenz stehen, obwohl beide auf die gleiche Wahrheit zielen. Der eine nutzt Berechnungen, um das Universum zu verstehen, der andere nutzt Gebete – doch beide suchen nach der gleichen göttlichen Ordnung, die alles durchdringt.

Wir brauchen diese Erkenntnis, um in der Zukunft besser zurechtzukommen. Die Welt wird immer komplexer, Wissen entwickelt sich in atemberaubendem Tempo, und dennoch gibt es spirituelle Lehren, die seit Jahrtausenden unverändert sind. Die Heiligen Schriften haben keine

Angst vor Wissen – es sind die Menschen, die Angst davor haben, dass Wissen ihre Machtstrukturen infrage stellt. Doch wenn wir erkennen, dass Wahrheit keine Grenzen kennt, dass Glauben und Wissenschaft Hand in Hand gehen, werden wir uns als Menschheit weiterentwickeln.

Ich sehe es in meinen Kindern. Sie sind in einer Welt aufgewachsen, in der sie beides erlebt haben: die Lehren des katholischen Schulunterrichts und die spirituelle Tiefe des Islams. Sie haben die Wahl gehabt, und sie haben ihre eigene Entscheidung getroffen. Sie glauben nicht, weil es von ihnen erwartet wurde, sondern weil es aus ihnen selbst herauswächst. Das ist der einzige Weg, wie Glaube und Wissen sich in Harmonie entfalten können.

Ich stelle mir eine Zukunft vor, in der dieser Dialog offen und ehrlich geführt wird, in der Menschen nicht in Schubladen von „Gläubigen" und „Wissenschaftlern" gesteckt werden, sondern erkennen, dass sie beide Teil der gleichen Suche sind. Eine Zukunft, in der unsere Kinder nicht dazu gedrängt werden, sich zwischen Spiritualität und Vernunft zu entscheiden, sondern erkennen, dass beides zusammengehört.

Allah hat uns mit Verstand und Herz erschaffen, nicht damit wir das eine über das andere stellen, sondern damit wir beides in Einklang bringen. Das Universum lebt durch die göttliche Ordnung, und diese Ordnung ist sowohl in der Wissenschaft als auch im Glauben zu finden. Die Mathematik offenbart die Strukturen, die Allah erschaffen hat, die Philosophie hinterfragt sein Sein, und die spirituelle Erfahrung führt uns in die Tiefe Seiner Liebe.

Der Dialog zwischen den Religionen ist nicht nur eine Möglichkeit, er ist eine Notwendigkeit. Er ist der Schlüssel, um Missverständnisse zu überwinden, um

Brücken zu bauen, anstatt Mauern zu errichten. Wir leben in einer Zeit, in der die Menschheit vor gewaltigen Herausforderungen steht. Konflikte, Umweltkatastrophen, soziale Ungerechtigkeit – all diese Probleme können nicht gelöst werden, wenn wir in unseren engen Denkstrukturen verharren.

Wir müssen erkennen, dass Glauben nicht bedeutet, sich von Wissen zu verschließen, und dass Wissen nicht bedeutet, den Glauben abzulehnen. Wir brauchen beides, um das lebendige Universum zu verstehen, um in Liebe zu wachsen und um unsere Seelen auf eine Zukunft vorzubereiten, die uns alle betrifft.

Ich habe meine Kinder mit dieser Überzeugung erzogen. Nicht in Angst oder Dogma, sondern in Ehrlichkeit und Freiheit. Sie haben gesehen, dass Religion kein Gefängnis ist, sondern ein Weg, die Wahrheit zu erkennen. Sie haben erlebt, dass man nicht für andere glaubt, sondern für sich selbst. Und genau das ist der Kern des interreligiösen Dialogs – nicht, den anderen zu überzeugen, sondern gemeinsam zu erkennen, dass Wahrheit keine Grenzen kennt, weil sie aus der unendlichen Liebe Allahs besteht.

# Kapitel 12:

## Moderne Wissenschaft und Religion – Die Harmonie von Kunst, Musik und Literatur als Spiegel der göttlichen Ordnung

Die Idee, dass Wissenschaft und Glaube im Widerspruch stehen, ist eine Illusion, die sich in den Köpfen vieler Menschen verfestigt hat. Doch wenn wir genau hinsehen, erkennen wir, dass sie sich nicht nur ergänzen, sondern dass sie in einer tiefen Harmonie miteinander existieren – genau wie Kunst, Musik und Literatur. Diese drei Bereiche waren schon immer Ausdruck der Suche nach Wahrheit, nach Sinn und nach der unermesslichen Weite der göttlichen Ordnung.

In der Musik schwingen Klänge in perfekter Harmonie zueinander, folgen den Gesetzen der Mathematik, der Physik und der Akustik – und doch berühren sie uns auf einer tiefen, spirituellen Ebene. Jeder Ton ist Teil einer Ordnung, die weit über das hinausgeht, was das menschliche Ohr wahrnehmen kann. In der Literatur wird das Unsichtbare in Worte gefasst, Gedanken nehmen Gestalt an und öffnen Tore zu Welten, die unser Herz berühren. Die Kunst wiederum hat stets versucht, das Göttliche in Farben, Formen und Bewegungen zu erfassen – sei es in den islamischen Kalligrafien, die das Wort Allah in unendlichen Variationen zelebrieren, in den leuchtenden Glasfenstern christlicher Kathedralen oder in der Musik, die in allen Kulturen den Menschen mit dem Universum verbindet.

Meine Kinder haben sich Partner gewählt, ohne dabei den Gedanken zu verlieren, dass die Seele eines jeden

Menschen selbst entscheidet, welchen Glauben sie lebt. Sie haben nicht nach einer Religion gesucht, sondern nach der Liebe, nach der Verbindung zwischen zwei Seelen, die gemeinsam durch das Leben gehen. Sie wussten immer, dass Glaube eine tiefe, persönliche Erfahrung ist, dass jeder Mensch alleine vor Allah steht, wenn er seinen letzten Weg antritt – wenn er nicht, so wie ich, durch die unermessliche Macht der Liebe zurückgeholt wird.

Ich war auf dieser Reise. Ich habe das Universum nicht nur mit den Augen des Glaubens, sondern auch mit den Augen der Wissenschaft gesehen. Ich habe das Netz der Zahlen, der Gesetze, der Strukturen wahrgenommen, die das Universum zusammenhalten. Doch hinter all dem lag eine Kraft, die größer war als jede mathematische Berechnung – die Liebe. Diese Liebe war es, die mich zurückholte, weil meine Aufgabe noch nicht beendet war, weil meine Frau und meine Kinder mich noch brauchten. Ich kehrte zurück, mit einem tieferen Verständnis für das, was uns wirklich verbindet.

Die moderne Wissenschaft sucht nach den Bausteinen des Lebens, nach den Geheimnissen des Universums, nach den Ursprüngen von Raum und Zeit. Sie zerlegt die Realität in Formeln, in Theorien, in messbare Phänomene. Doch die Kunst, die Musik, die Literatur – sie haben schon immer etwas verstanden, das keine Gleichung erklären kann. Sie wissen um die Harmonie, die in allem liegt, um das Gleichgewicht, das allem zugrunde liegt. Sie haben nie zwischen Glauben und Wissen unterschieden, sondern stets versucht, beides zu vereinen.

Ich sehe es in meinen Kindern. Sie leben nicht in Gegensätzen, sie brauchen keine Definitionen, die alles trennen. Sie sehen den Menschen vor sich, nicht seine Zugehörigkeit zu einer bestimmten Religion. Sie hören die

Musik und fühlen die Wahrheit, unabhängig davon, in welcher Sprache oder Tradition sie entstanden ist. Sie sehen ein Kunstwerk und spüren die göttliche Inspiration darin, egal, ob es aus der islamischen, christlichen oder jüdischen Welt stammt.

Die Zukunft gehört nicht denen, die Mauern errichten, sondern denen, die Brücken bauen. Wissenschaft und Glaube, Kunst und Logik, Mathematik und Musik – sie sind keine Feinde, sondern Teile eines großen Ganzen. Diejenigen, die das verstehen, werden die Welt nicht nur mit Wissen erfüllen, sondern mit Weisheit.

Es gibt keine Grenzen für die Seele. Sie wählt ihren eigenen Weg, so wie sie es immer getan hat. Sie entscheidet, woran sie glaubt, und wie sie liebt. Und wenn wir uns darauf einlassen, werden wir erkennen, dass es keinen Gegensatz zwischen dem modernen Wissen und dem ewigen Glauben gibt. Sie sind nur zwei Ausdrucksformen derselben Wahrheit – der Wahrheit, dass Allah das Universum in vollkommener Harmonie geschaffen hat

# Kapitel 13:

## Die Suche nach Wissen als spirituelle Reise

Die Art und Weise, wie Menschen ihren Glauben leben und erleben, wird seit jeher von ihrer Kultur, ihren Traditionen und den Gegebenheiten ihres Umfelds geprägt. Der Glaube ist nicht statisch, sondern wächst und entfaltet sich mit den Völkern, die ihn tragen. In einer kommunistischen Gesellschaft hat er eine andere Form als in einer monarchistischen, in einem asiatischen Großreich anders als in einem winzigen Stadtstaat wie Monaco. Jede Nation, jede Familie, jedes Individuum bringt seine eigene Perspektive mit – und genau das ist Teil der göttlichen Ordnung.

Allah weiß um die Vielfalt seiner Schöpfung. Er hat nicht einen einzigen Weg geschaffen, sondern viele Pfade, die letztlich alle zu Ihm führen. Die digitale Vernetzung der modernen Welt bringt uns einander näher, Informationen zirkulieren in Sekundenschnelle, und wir lesen, hören und sehen dieselben Nachrichten, unabhängig davon, wo wir leben. Doch wie wir diese Informationen aufnehmen, wie wir sie deuten und in unser Weltbild einordnen, hängt immer noch von unserer Herkunft, unserer Erziehung und unserer kulturellen Prägung ab. Das sollte jedem bewusst sein – denn Allah ist sich dessen bewusst. Und Er allein wird gerecht urteilen.

Die Erkenntnis der göttlichen Ordnung ist eine Reise, die niemals endet. Sowohl im Christentum als auch im Islam wird Wissen nicht als Gegensatz zum Glauben betrachtet, sondern als ein Mittel, um Allahs Schöpfung besser zu verstehen. Die Suche nach Wissen ist eine spirituelle

Reise, auf der wir nicht nur die Welt um uns herum entdecken, sondern auch unser eigenes Herz.

Ich habe mich immer von Zahlen leiten lassen, von Strukturen und Berechnungen. Die Mathematik war für mich nie nur ein Werkzeug, sondern eine Sprache, in der sich die Ordnung des Universums ausdrückt. Ich sehe Zahlen nicht nur als abstrakte Konstrukte, sondern als Fingerabdrücke der göttlichen Weisheit. Jede Formel, jede Gleichung ist ein Teil eines größeren Plans, den wir als Menschen nur in Bruchstücken verstehen. Trotz meines analogen Glaubens an Allah und die Macht der Liebe verfalle ich immer wieder den Zahlen. Ich kann nicht anders, als alles gegeneinander abzuwägen, Verhältnisse zu berechnen, Muster zu suchen. Und doch weiß ich, dass die größte Wahrheit jenseits aller Zahlen liegt – in der Liebe, die Allah in das Universum eingewoben hat.

Ich habe meine Kinder mit diesem Bewusstsein erzogen. Sie wurden nicht dazu gezwungen, die Heiligen Schriften auswendig zu lernen, um besser als andere Kinder zu sein. Mein Glaube war nie eine Verpflichtung, sondern eine Einladung. Sie besuchten bis zu ihrem zwölften Lebensjahr den katholischen Religionsunterricht, weil ich wollte, dass sie selbst erfahren, welche Wege es gibt. Doch als sie sich mit zwölf Jahren bewusst für den Islam entschieden, weil sie ihn in unserer Familie lebten, wechselten sie in den Ethikunterricht. Meiner Frau und mir war es immer wichtig, unseren Glauben ehrlich zu leben – nicht für andere, sondern für uns selbst und unsere Seele.

Diese Offenheit wird in Zukunft noch wichtiger sein. Die Welt verändert sich, Grenzen lösen sich auf, Traditionen mischen sich, und die Art, wie Glaube praktiziert wird, wird immer individueller. Die digitale Vernetzung macht es unmöglich, abgeschottet zu bleiben. Wir haben Zugang zu allen Religionen, zu allen Philosophien, zu allen wissenschaftlichen Erkenntnissen – in Echtzeit. Aber das bedeutet auch, dass wir uns selbst mehr denn je die Frage stellen müssen, was wir glauben und warum.

Unsere Herkunft beeinflusst, wie wir glauben. Doch der Glaube selbst ist universell. Die Wissenschaft sucht nach Antworten, doch die tiefste Wahrheit liegt nicht in Theorien, sondern in der Erfahrung der göttlichen Liebe. Wir können studieren, forschen, analysieren – doch am Ende ist es unser Herz, das entscheidet.

Allah gibt uns diesen Raum. Er zwingt uns nicht zu einem einzigen Weg, sondern lässt uns die Freiheit zu wählen. Er weiß, dass wir mit verschiedenen Hintergründen, Erziehungen und Denkweisen aufwachsen. Und Er wird uns nicht danach beurteilen, aus welcher Kultur wir stammen oder welche Traditionen uns geprägt haben, sondern nach dem, was in unserem Herzen ist.

Die Suche nach Wissen ist eine Reise, und jede Seele geht sie auf ihre Weise. Es gibt keine Abkürzungen, keine festen Regeln, kein universelles Schema. Was für den einen offensichtlich ist, bleibt für den anderen ein Rätsel. Doch wer aufrichtig sucht, wird finden.

Das Universum ist lebendig, es atmet mit uns, es bewegt sich mit uns. Es gibt uns Zeichen, öffnet Türen, weist uns Wege. Manche sehen diese Zeichen in der Wissenschaft, andere in der Kunst, wieder andere in den Heiligen Schriften. Doch alle suchen sie nach derselben Wahrheit – nach der göttlichen Ordnung, die allem zugrunde liegt.

Und am Ende wird jeder erkennen, dass Allah immer da war. In jedem Gedanken, in jeder Entdeckung, in jedem Zweifel. Er lässt uns forschen, hinterfragen, experimentieren – weil Er weiß, dass jede Suche letztlich zu Ihm führt.

# Kapitel 14:

## Was wir aus der Geschichte lernen können

Es gibt Momente in der Geschichte, die uns lehren, dass Glaube keine Mauer ist, sondern eine Brücke. Wenn wir zurückblicken, sehen wir Zeiten, in denen Menschen verschiedener Glaubensrichtungen nicht nur koexistierten, sondern gemeinsam etwas erschufen, das größer war als sie selbst. Und wenn wir nach vorne blicken, sehen wir eine Zukunft, in der genau das wieder möglich sein wird – wenn wir die Macht der Liebe erkennen und uns von ihr leiten lassen.

Ich erinnere mich an einen Marktplatz in Córdoba, damals, als das Kalifat von Al-Andalus seine Blütezeit erreichte. Die engen Gassen waren erfüllt von Stimmen, die in verschiedenen Sprachen sprachen: Arabisch, Latein, Hebräisch. Ein muslimischer Händler verkaufte seine Waren direkt neben einem jüdischen Gelehrten, der mit einem christlichen Priester über Philosophie diskutierte. Sie stammten aus unterschiedlichen Kulturen, doch ihr Ziel war dasselbe: Weisheit zu suchen, das Leben zu verbessern und die Wahrheit in der Welt zu erkennen. Ich hörte, wie der Händler sagte: „Wissen kennt keine Religion, nur den Durst nach Erkenntnis." Und der Priester nickte, während der jüdische Gelehrte ein Zitat aus der Tora ergänzte, das ihre Worte spiegelte. In diesem Moment war das, was uns oft trennt, vollkommen bedeutungslos.

Jahrhunderte später stehe ich in einem Café in Istanbul, wo eine junge Türkin, ein griechisch-orthodoxer Student und ein atheistisch aufgewachsener Deutscher über

Wissenschaft sprechen. Sie haben verschiedene Hintergründe, verschiedene Geschichten, aber sie lachen gemeinsam, sie teilen ihre Gedanken, und sie sind sich näher, als sie es vielleicht selbst bemerken.

Ich sehe mich in die Zukunft versetzt – eine Konferenz in Singapur, wo Menschen aus aller Welt zusammenkommen, um eine Lösung für die Energiekrise zu finden. Sie tragen unterschiedliche Kleidung, sprechen verschiedene Sprachen, aber ihr Ziel ist das gleiche: Sie wollen eine Zukunft schaffen, die für alle lebenswert ist. Religion wird hier nicht als Trennung verstanden, sondern als eine tiefe Quelle der Inspiration. Ein Buddhist spricht von der Harmonie der Natur, ein Muslim erinnert an die göttliche Ordnung im Koran, ein Christ spricht von der Verantwortung des Menschen für die Erde. Und alle nicken, weil sie verstehen, dass diese Wahrheit universell ist.

Wenn wir uns auf das konzentrieren, was uns verbindet, anstatt auf das, was uns trennt, können wir Wunder bewirken. Es gab Zeiten in der Geschichte, in denen Christen, Muslime und Juden gemeinsam Bibliotheken füllten, Krankenhäuser errichteten, Städte erleuchteten. Diese Zeiten sind nicht für immer vergangen. Sie sind ein Versprechen, das jederzeit wieder eingelöst werden kann.

Doch warum ist es so schwer, sich an diese Momente zu erinnern? Warum verlieren wir in der Gegenwart so oft die Hoffnung, dass die Welt wieder in Frieden existieren kann? Weil die Geschichte von Kriegen lauter erzählt wird als die Geschichte von Frieden. Weil Angst uns oft stärker beeinflusst als Liebe.

Ich sehe einen Mann, der am Rand eines Flüchtlingslagers in Syrien steht. Er hat alles verloren, sein Haus, seine Familie, seine Vergangenheit. Doch dann kommt jemand, den er nicht kennt – ein Fremder, eine Frau aus einem anderen Land, mit einer anderen Religion. Sie reicht ihm die Hand, gibt ihm Wasser, spricht ein paar Worte der Hoffnung. Und in diesem Moment, wo alles verloren schien, wird wieder etwas aufgebaut: Vertrauen.

Die Macht der Liebe ist keine naive Hoffnung. Sie ist das einzige Mittel, das Kriege wirklich beenden kann. Waffen mögen Stille bringen, aber nur Liebe bringt Frieden.

Es gibt eine Erinnerung, die sich in meinem Herzen eingebrannt hat. Ich bin in einer kleinen Moschee, irgendwo in Europa. Neben mir betet ein Mann, der nicht aus der gleichen Kultur kommt wie ich, der vielleicht eine andere Sprache spricht, aber wir verneigen uns zur gleichen Richtung. Später begegne ich einer alten Frau in einer Kirche. Sie zündet eine Kerze an und spricht leise ein Gebet. Ihre Hände zittern, aber ihr Glaube ist stark. Ich sehe, dass es keinen Unterschied gibt zwischen ihr und mir. Unsere Wege mögen anders sein, aber das Ziel ist dasselbe.

Wenn ich sehe, wie meine Kinder ihre Partner ohne den Gedanken an religiöse Unterschiede gewählt haben, weiß ich, dass die Zukunft sich bereits verändert hat. Sie haben verstanden, dass es die Seele ist, die entscheidet, nicht die Tradition, nicht die Kultur. Jeder steht alleine vor Allah, wenn sein letzter Weg kommt, doch bis dahin sind wir nicht alleine.

Die Frage ist nicht, ob die Welt Frieden finden kann. Die Frage ist, wann wir endlich erkennen, dass er längst da ist, wenn wir ihn nur zulassen.

Die Geschichte zeigt uns, dass wir schon einmal vereint waren. Die Gegenwart zeigt uns, dass es immer noch Hoffnung gibt. Die Zukunft liegt in unseren Händen.

Alles kann gut bleiben. Alles kann besser werden. Wenn wir uns daran erinnern, dass das Universum lebendig ist, dass Allahs Liebe alles durchdringt, dass wir nicht dazu bestimmt sind, Feinde zu sein, sondern Brüder und Schwestern, dann wird der Tag kommen, an dem wir nicht mehr fragen müssen, wie Frieden möglich ist – weil er einfach da sein wird.

# Kapitel 15:

## Eine Zukunft der Einheit

Es ist Zeit, aufzustehen. Nicht nur mit Worten, nicht nur in Gedanken, sondern mit Herz und Tat. Wir leben in einer Welt, die immer schneller wird, in der wir in Sekunden global vernetzt sind, in der Informationen uns überfluten und Wahrheit immer schwerer zu erkennen ist. Doch eine Wahrheit bleibt unverändert: Die Liebe ist die größte Macht, die das Universum antreibt, und nur durch sie kann der Mensch die Ketten von Gier, Gewalt und Manipulation durchbrechen.

Wir sehen es überall – Machthaber, die mit Angst regieren, Milliardäre, die ihre Reichtümer anhäufen, während andere hungern, Unternehmen, die den Planeten ausbeuten, weil Profit über alles steht. Es sind nicht nur einzelne Menschen wie ein Präsident oder ein Multimilliardär, es sind Systeme, die sich tief in unsere Gesellschaft gegraben haben und uns lehren, dass Geld und Macht über allem stehen. Doch das ist nicht wahr.

Wir brauchen keine künstlichen Grenzen zwischen uns. Kein Kapitalismus, der uns einredet, dass wir einander Feinde sein müssen, um zu überleben. Kein System, das uns lehrt, blind Befehlen zu folgen, nur weil es bequem ist. Kein Glaube, der nur an der Oberfläche bleibt, sondern einer, der uns wirklich vereint. Egal ob Christ, Muslim, Jude, Buddhist oder ohne religiöse Zugehörigkeit – wir alle tragen das Feuer der Liebe in uns, das uns verbindet.

Es ist an der Zeit, dass wir uns nicht mehr manipulieren lassen. Nicht von Medien, die uns aufstacheln, nicht von Politikern, die uns spalten, nicht von wirtschaftlichen Mächten, die uns einreden, dass unser Wert in Geld oder Status liegt. Unser Wert liegt in unserer Menschlichkeit, in unserer Fähigkeit zu lieben, zu vergeben, zu lernen und gemeinsam eine bessere Welt zu schaffen.

Wir müssen lernen, Fehler sofort zu korrigieren und nicht erst dann, wenn es zu spät ist. Wenn wir sehen, dass Ungerechtigkeit geschieht, dürfen wir nicht warten, bis eine Mehrheit es erkennt – wir müssen handeln. Jeder von uns kann auf einen Podest steigen, nicht um sich zu erheben, sondern um andere zu Einsicht zu bewegen. Es ist einfacher, sich der Masse anzupassen, als gegen den Strom zu schwimmen, aber wenn wir wirklich etwas verändern wollen, müssen wir bereit sein, auch allein zu stehen, wenn es nötig ist.

Die Propheten haben es uns gezeigt. Sie waren keine Menschen, die sich zurücklehnten und alles geschehen ließen. Moses stellte sich gegen Pharao, Jesus sprach gegen die Heuchelei der Priester, Mohammed widerstand den Unterdrückern seiner Zeit. Sie alle lebten Liebe und Vergebung, aber sie waren auch bereit zu sagen: Es reicht!

Heute werden wir von Minderheiten regiert, die sich an ihren Reichtümern festklammern, während Milliarden von Menschen leiden. Und doch sind wir es, die in der Mehrheit sind. Wir, die einfachen Menschen, die arbeiten, die atmen, die lieben, die träumen. Wir, die keine Billionen auf Bankkonten haben, aber etwas besitzen, das mächtiger ist als jede Währung: den Glauben, die Hoffnung und den Willen, das Richtige zu tun.

Wir brauchen eine neue Bewegung – eine, die nicht nur von Jugendlichen getragen wird, sondern von allen. Wir brauchen Männer und Frauen, Junge und Alte, Menschen jeder Herkunft, die sagen: Genug. Nicht mit Hass, nicht mit Gewalt, sondern mit der unerschütterlichen Kraft der Liebe. Wir müssen aufstehen und zeigen, dass wir vereint sind, dass wir nicht mehr zulassen, dass Gier und Machtgier unsere Erde zerstören.

Wir brauchen Luft, Wasser und Erde – aber wir dürfen das Feuer in uns nicht vergessen. Das Feuer der Liebe, das uns antreibt, das Licht, das uns zeigt, dass Einheit möglich ist.

Wenn wir gemeinsam beten, meditieren, handeln – nicht als einzelne Gruppen, sondern als eine Menschheit – dann können wir die Welt verändern. Nicht durch Revolutionen, die neue Herrscher hervorbringen, sondern durch eine stille, aber mächtige Bewegung der Herzen.

Das ist unsere Zukunft. Das ist die Einheit, die möglich ist. Wenn wir erkennen, dass unser wahrer Feind nicht der ist, der anders glaubt oder anders lebt, sondern jene, die uns gegeneinander ausspielen, dann haben wir den ersten Schritt gemacht.

Wissen und Glaube, Hand in Hand. Wissenschaft und Spiritualität, gemeinsam. Menschen aller Religionen und Kulturen, Seite an Seite.

Eine Welt, in der nicht Gier, sondern Mitgefühl regiert. Eine Welt, in der wir aufeinander achten, anstatt uns auszunutzen. Eine Welt, in der wir wieder verstehen, dass wir nicht hier sind, um zu herrschen, sondern um gemeinsam zu wachsen.

**Alles beginnt mit uns. Jetzt!**

## Schlusswort: Das Gleichgewicht im lebendigen Universum

Meine Seelenreise hat mir gezeigt, dass wir als Menschheit an einem Wendepunkt stehen. Wir taumeln am Rand eines Kollapses, getrieben von Machtgier, unersättlichem Streben nach Kontrolle und der Illusion, dass wir als Einzelne nichts bewirken können. Doch das ist nicht wahr. Die größte Kraft im Universum ist die Liebe, und sie allein hält das Gleichgewicht aufrecht. Als ich jenseits dieser Welt war, erwartete mich kein Tor, keine Frage nach oben oder unten, keine harte Entscheidung zwischen Himmel oder Hölle. Der Weg war offen, nicht durch meine eigene Verdienste, sondern durch die unendliche Gnade Allahs. Er lässt uns wählen, ob wir bleiben oder zurückkehren wollen, und in dieser Wahl liegt eine tiefere Wahrheit: Allah ist gerecht und weise, und Er zwingt niemanden – nicht im Leben und nicht im Jenseits.

Die Liebe meiner Frau und meiner Kinder, aber auch die Liebe, die ich für sie empfinde, ließ mich nicht lange zögern. Ich wusste, dass mein Platz hier ist, bei den Menschen, die genauso fühlen wie ich, aber vielleicht denken, dass sie alleine sind. Doch wir sind nicht allein. Jeder Einzelne von uns ist ein Teil des lebendigen Universums, ein Funke im großen Licht der Schöpfung. Wir dürfen uns nicht in der Illusion verlieren, dass wir nichts bewirken können. Jeder Gedanke, jede Tat, jeder Moment, in dem wir aus Liebe handeln, ist ein Impuls, der das Gleichgewicht in die richtige Richtung bewegt.

Ich denke an Adam, dem das Paradies geschenkt wurde. Doch er war allein, und er sehnte sich nach Gesellschaft.

Aus dieser Sehnsucht nach Zweisamkeit entstand die Menschheitsgeschichte. Eine einzige Seele, die sich nach Nähe sehnte, brachte das größte Wunder hervor – eine Welt voller Menschen, die einander brauchen, die einander lehren, die einander lieben und verletzen, aber die immer wieder lernen, dass sie gemeinsam stärker sind.

Wer sind wir also, über andere zu urteilen? Warum so schnell urteilen, warum so schnell verurteilen? Niemand kennt den wahren Grund für das, was ein Mensch tut, außer Allah. Wir sind nicht in seiner Seele, wir sehen nur einen kleinen Ausschnitt seiner Geschichte. Jeder von uns muss sich letztlich selbst vor Allah verantworten, nicht vor den Menschen, nicht vor den starren Regeln, die wir uns selbst auferlegt haben.

Das Universum selbst ist ein Spiegel dieses ewigen Gleichgewichts. Wo Licht ist, ist auch Schatten. Wo Freude ist, ist auch Leid. Wo Liebe existiert, gibt es auch Hass. Alles muss sich ausgleichen, damit das große Gefüge stabil bleibt. Und so sind auch die Schwarzen Löcher, diese mysteriösen Portale im Universum, nichts anderes als Knotenpunkte des Ausgleichs. Sie verschlingen Materie, aber geben auch neue Energie frei. Sie sind nicht nur Vernichtung, sondern auch Erneuerung.

Vielleicht sind sie die ultimativen Symbole für die Waage zwischen Gut und Böse, zwischen Geben und Nehmen, zwischen Liebe und Gier. Sie erinnern uns daran, dass alles, was wir tun, eine Konsequenz hat, dass nichts wirklich verschwindet, sondern immer irgendwo in anderer Form weiterbesteht. Jede Handlung, jeder Gedanke, jede Entscheidung, die wir treffen, hinterlässt eine Spur in diesem lebendigen Universum.

Und genau hier liegt unsere Verantwortung. Wir dürfen nicht zulassen, dass uns das Chaos und die Manipulation der Mächtigen lähmen. Es liegt an uns, mit den Waffen der Liebe, der Hoffnung und des Wissens zu kämpfen. Nicht mit Gewalt, nicht mit Hass, sondern mit der unerschütterlichen Kraft der Wahrheit. Wir müssen lernen, Fehler sofort zu korrigieren, nicht erst, wenn es zu spät ist. Wir dürfen nicht warten, bis eine Mehrheit aufwacht – manchmal muss eine einzige Seele aufstehen, damit andere folgen.

Die Verbindung zwischen Christentum und Islam war nie nur eine Frage des Glaubens, sondern auch des Wissens. Sie sind zwei Ströme, die aus derselben Quelle entspringen und sich in den Weiten der Schöpfung wiederfinden. In der Vergangenheit haben Christen und Muslime zusammen Städte des Wissens erbaut, Bibliotheken gefüllt, Universitäten gegründet. Sie haben gemeinsam gelernt, sich gegenseitig befruchtet, sich bereichert. Und wenn wir dieses Erbe anerkennen, können wir eine Zukunft des Dialogs und der Zusammenarbeit gestalten.

Das lebendige Universum spricht zu uns. Es sendet uns Zeichen, es zeigt uns, dass wir in Harmonie existieren können, wenn wir uns dafür entscheiden. Doch wir müssen aufwachen, bevor das Gleichgewicht kippt. Wir stehen an der Schwelle einer neuen Zeit, in der Wissen und Glaube, Spiritualität und Wissenschaft, Liebe und Vernunft nicht mehr als Gegensätze betrachtet werden dürfen.

Es liegt an uns. An dir, an mir, an jedem einzelnen Menschen, der erkennt, dass wir nicht nur Zuschauer sind, sondern Teil dieses großartigen Universums, das durch die Macht der Liebe zusammengehalten wird. Und wenn wir beginnen, aus dieser Liebe heraus zu handeln, dann werden wir nicht nur unsere eigene Seele retten – wir werden die ganze Welt verändern.

# Buchbeschreibung:

## Das Universum als lebendiges Wesen

### Der Mensch und sein Glauben

### „Das Gleichgewicht im lebendigen Universum“

Dieses Buch ist eine Reise durch Glaube, Wissen und die göttliche Ordnung, erzählt aus der einzigartigen Perspektive eines Menschen, der durch seine Seelenreise tiefere Wahrheiten erkannte. Es verbindet die Weisheit der Heiligen Schriften – der Tora, des Evangeliums und des Korans – mit der universellen Sprache der Wissenschaft, der Mathematik und der Philosophie.

Durch historische und spirituelle Einblicke wird gezeigt, wie das Universum als lebendiges Wesen agiert und die größte Kraft darin die Liebe ist. Die Geschichten der Propheten, die Blütezeiten von Wissenschaft und Kunst sowie die tiefere Bedeutung von Einheit und Dialog zwischen den Religionen werden nicht nur analysiert, sondern mit persönlichen Erfahrungen und Erkenntnissen verbunden.

Dieses Buch ist ein Aufruf zur Erkenntnis, zur Überwindung von Trennungen und zur gemeinsamen Suche nach Wahrheit. Es zeigt, dass Glaube nicht im Widerspruch zum Wissen steht, sondern mit ihm verschmilzt – und dass die Menschheit nur durch Liebe, Gerechtigkeit und ein bewusstes Handeln eine Zukunft in Harmonie gestalten kann.

Ein Werk für alle, die das Göttliche nicht nur in Schriften, sondern auch im lebendigen Universum erkennen wollen.

ISBN 978-3-8190-3832-7
9 783819 038327 00002
www.epubli.com